BLOOD SUGAR CANTO

TENTH ANNIVERSARY BILINGUAL EDITION

Books by ire'ne lara silva

Furia (2010)
Flesh to Bone (2013)
Blood Sugar Canto (2016)
Imaniman (2017)
Cuicacalli/House of Song (2019)
FirstPoems (2021)
The Eaters of Flowers (2024)
Vendaval (2024)
Escaramuza (2025)
The Light of Your Body (2026)

BLOOD SUGAR CANTO

TENTH ANNIVERSARY BILINGUAL EDITION

ire'ne lara silva

Spanish translation by Julieta Corpus

SADDLE ROAD PRESS

for everyone with diabetes
and everyone who loves them
may each of you find your own best path

para todos los que tienen diabetes
y aquellos que los aman
que cada uno de ustedes encuentre su propio y mejor camino

Contents

v.

let my last breath be song
deja que mi último respiro sea canto

i.

speak with your voice touch with my hands

habla con tu voz toca con mis manos

you do not listen

you do not listen in broad daylight alone amongst others
you do not listen i fight surrendering to you i fight fighting
you i fight what you have given me and what you have not
you take away as much as you give allowing me to foresee
the peace beyond mourning beyond loss beyond grieving i
cannot wrestle you cannot defeat you why must i look to
you when i am alone and when i am afraid and when i am
lost

> you are a river of rage—you—many-headed and
> many-limbed you are the chaos of ecstasy and the
> hurt of blood seeping through borders—you are
> not just you are not mercy you have given me loss
> you have given me loss you have given me loss
> you   have   given   me
>   loss

some mornings i do not want to live you send me yellow-
winged butterflies some mornings i do not want to speak
you send me the wind some mornings i do not want to fight
you send me machetes fitted to my hands some days i do not
want to grieve you send me love i cannot refuse

> you have brought me song when i have raged you
> have brought me song when i have hurt you have
> brought me song when i have loved you have made
> me song you have made me song and made me sing
> to a broken broken life a beautiful world a broken
> broken world a beautiful life

tú no me escuchas

tú no me escuchas a plena luz del día solitaria entre otros   tú no
me escuchas lucho por no rendirme a ti lucho por no luchar contra ti
lucho lo que me has dado y lo que no   me quitas tanto como
me das permitiéndome anticipar la paz más allá del duelo más allá
de la pérdida más allá del dolor no puedo luchar contigo no puedo
derrotarte por qué debo recurrir a tí cuando estoy sola y cuando tengo
miedo y cuando me siento perdida

> tú eres un río de furia—tú—multicéfalo y de
> múltiples extremidades tú eres el caos del
> éxtasis y el dolor de la sangre filtrándose por las
> fronteras—tú no eres justo tú no eres piedad
> tú me has dado pérdidas tú me has dado
> pérdidas tú me has dado pérdidas tú
> me   has   dado
>   pérdidas

hay mañanas en que no quiero vivir tú me mandas mariposas de
alas amarillas hay mañanas en que no quiero hablar tú me mandas el
viento hay mañanas en que no quiero luchar tú me mandas machetes
ajustados a mis manos hay mañanas en que no quiero estar triste tú me
mandas amor que no puedo rehusar

> me has traído canto cuando he rabiado me has
> traído canto cuando estoy herida me has traído
> canto cuando he amado tú me has hecho canto me
> has hecho canto y me has hecho cantarle a una vida
> rota rota a un mundo bello un mundo roto roto una
> vida bella

i cannot breathe anymore   life i cannot sigh anymore
       life everywhere on the road there are roses and
everywhere there is clamor and you will not hear me
       life when i whisper thank you

ya no puedo respirar   vida ya no puedo suspirar
     vida por todas partes en el camino hay rosas y
en todas partes hay clamor y tú no me escucharás
     vida cuando susurre gracias

april 23, 2008

i kept putting off my doctor's
appointment what didn't i want to
hear my brother pushed me to go i
don't know would i have waited
until i was in the hospital i don't
remember was it cool was it sunny i
drove myself there i drove myself
away

diabetes mellitus she said knowingly
nodding her head i don't remember
what she said afterwards i was a
grown woman no weeping no one to
hold my hand no curling into a ball i
had to at least pretend to listen
while she put the glucose monitor in
my hand and the sample kit of
lancets and testing strips this is to
get you started while she gave me
sample insulin pens with i forget
three or five sample needle pen tips
and told me 10 units a day to begin
with and she showed me how to
assemble it and where i should
inject it belly thighs upper arms i
think i nodded i said yes i
understood i said thank you

i remember she asked me what i
needed the only thing i could think
to ask for was time i needed time
away from work i needed time to

23 de abril, 2008

continúe aplazando la cita con mi
doctor qué era lo que no quería
escuchar mi hermano me presionó a
ir no sé si yo hubiera esperado
hasta que estuviera en el hospital no
recuerdo si estaba fresco estaba
caluroso manejé sola hasta allí sola

me alejé de allí diabetes mellitus ella
lo dijo confiadamente asintiendo con
la cabeza no recuerdo lo que dijo
después yo mujer adulta no habría
llanto nadie para tomar mi mano no
me enroscaría yo tenía que pretender
escucharla mientras colocaba el
monitor de glucosa en mi mano y el
equipo de lancetas y tiras de prueba
esto es para iniciarte mientras me
daba muestras de bolígrafos de
insulina que no recuerdo tres o cinco
puntas de aguja y me dijo 10
unidades al día para empezar y me
mostró como ensamblarlo y donde
debería inyectarme abdomen muslo
brazo creo que asentí le dije que sí
yo entendía yo le di las gracias

recuerdo que me preguntó si
necesitaba algo lo único que pude
pedir fue por tiempo yo necesitaba
tiempo lejos del trabajo necesitaba

think i couldn't work twelve hour
days and worry about quotas and
concentrate while i spoke on the
phone and sent emails and turned in
paperwork i couldn't i couldn't
i drove home i don't remember
driving home it wasn't that far it
could have been a million miles i
looked no different no one could see
it the diabetes on me inside me no
bleeding wound the doctor didn't
say you have this long to live i could
walk and talk and think and go on
but i felt broken i felt like there was
no reason to go on i wanted to say
no i can't do this i can't live this
i wanted to die i was afraid

tiempo para pensar no podía trabajar
doce horas diarias y preocuparme de
cuotas y concentrarme mientras yo
hablaba por teléfono y enviaba
correos y entregaba papeleo no
podía no podía

manejé a casa no recuerdo manejar a
casa no quedaba tan lejos podría
haber estado a un millón de millas no
me veía diferente nadie podía verlo
la diabetes en mí dentro de mí
ninguna herida sangrante el doctor
no dijo tienes tanto así de tiempo
para vivir podía caminar y
hablar y pensar y continuar pero me sentía
rota sentía que no había ninguna
razón para continuar quería decir
que no podía hacer esto no podía
vivir así quería morir tenía miedo

song for fear

i think you live in my blood
running always running
living in my belly
living in my blood
living in my eyes

i have been searching for you
wanted to know where
you lived in my body
so that i could uproot you
set you on fire smoke you out
lance you drain you
bleed you render you nothing
less than nothing

but here you have been
cradled against me
a changeling child
racing in my blood
terrorizing my organs
draining my strength
leaving me alone in
a world of narrow bridges

when i was a child
i was afraid of the
roaring lion in the hallway
afraid of cockroaches
afraid of my father's anger

i am afraid of other things now
my body out of control
exhaustion

canción para el miedo

creo que vives en mi sangre
corriendo siempre corriendo
viviendo en mi vientre
viviendo en mi sangre
viviendo en mis ojos

he estado buscándote
quería saber dónde
vivías en mi cuerpo
para poder arrancarte desde
la raíz prenderte fuego hacerte salir con humo
ensartarte una lanza agotarte
desangrarte hacerte nada
menos que nada

pero has estado aquí
acunado contra mí
un niño mutante
corriendo en mi sangre
aterrorizando mis órganos
consumiendo mi fuerza
abandonándome en un mundo
de puentes angostos

cuando era niña
tenía miedo al león rugiendo
en el pasillo
tenía miedo a las cucarachas
tenía miedo a la ira de mi padre

ahora le tengo miedo a otras cosas
mi cuerpo fuera de control
cansancio

amputation
dying before my brother
and leaving him defenseless

i am afraid of more losses
that will call me to be
stronger than i am

i see you now
fear
there is a place for you here
and there is work for you
but you cannot remain
rampant and uncontrolled
you cannot claim
my entire body as your
refuge your hideout your food

in return
i promise
not to eat you

i won't tear at you
with my teeth
poisoning myself
i will watch over you
and it will be safe
for you to be a small
and furred creature
and at dawn i will remember
to sing to you too

amputación
morir antes que mi hermano
y dejarlo indefenso

tengo miedo a más pérdidas
que me exigirán ser
más fuerte de lo que soy

puedo verte ahora
miedo
aquí hay un lugar para ti
y aquí tienes trabajo
pero no puedes permanecer
desenfrenado e incontrolable
no puedes reclamar
mi cuerpo entero como tu
refugio tu escondite tu alimento

a cambio
prometo
no comerte

no te desgarraré
con mis dientes
envenenándome
te protegeré
y será seguro
para que seas una criatura
pequeña y peluda
y al amanecer recordaré
cantar para ti también

there are many roads
and the sun and the rain
and the wind and the earth
will give us shelter
we do not have to be afraid

hay muchos caminos
y el sol y la lluvia
y el viento y la tierra
nos brindarán refugio
no debemos tener miedo

despair, you are invited to my table

you may sit here and eat with me
it is a simple table   there are no utensils
i made this food   i poured this water
i watched these beans   simmer for hours
the corn tortillas   i made by hand

you have my eyes   you have my mouth
we have my face   we have my hands
we fold our corn tortillas the same way
if i wasn't speaking   if you weren't cursing
we would be   vmirror reflections
i speak with your voice   you touch with my hands

it had never occurred to me   to invite you here
i was so busy fighting you   declaring that you didn't exist
i thought everyone   lived this way   with their despair
hiding you until both your name and my name
lost all meaning   all distinction

what can live there   in that place   where you are everything
despair,   i want to live
let us find a way to live peacefully with our same face
no more battles   no more wounded
live in me   i will live in you

you have taught me what no one else could
let me be the one who learned to live with you
we have stories to tell each other
sit here and eat with me

desesperanza te invito a mi mesa

puedes sentarte aquí y comer conmigo
es una mesa simple   no hay cubiertos
yo preparé esta comida   yo serví el agua
he visto estos frijoles   hervir por horas
hice a mano   las tortillas de maíz

tienes mis ojos   tienes mi boca
tenemos mi cara   tenemos mis manos
doblamos las tortillas de la misma forma
si yo no estuviera hablando   si tú no estuvieras maldiciendo
seríamos reflejos   en el espejo
hablo con tu voz   tocas con mis manos

nunca antes se me había ocurrido   invitarte aquí
estaba tan ocupada luchando contigo   declarando que no existías
pensé que todos   vivían así   con su desesperanza
escondiéndote hasta que tu nombre y mi nombre
perdían todo significado   toda distinción

que puede vivir ahí   en ese lugar donde   eres todo
desesperanza   quiero vivir
encontremos una manera de vivir en paz con nuestra misma cara
no más batallas   no más heridos
vive en mí   yo viviré en ti

me has enseñado lo que nadie más podría
déjame ser la que aprendió a vivir contigo
tenemos historias que contarnos
siéntate y come conmigo

diabetic love song

understand there are things i will never do with you
i will never go to the beach with you in the summer
i will never share a stack of pancakes with you
i will never stay up all night
tossing back tequila shots or beers
i need naps and i need rest
and when i get too tired i stop functioning
my brain begins its meltdown at 90 degrees
i will cancel plans
this will all be more than i can bear

and now there are pills in the morning
and pills at night and more than one syringe a day
there may be three there may be four
and everywhere everywhere there are alcohol pads
in the house in the restroom on the floor in my purse in my pocket
and spent lancets and testing strips with one miniscule drop of blood
and i will always be pricking my fingers and pricking my fingers
and pricking pricking pricking

i can never skip meals
i will always need more water
i will always have doctors' appointments looming
and sometimes i will rail against all of it
howl and gnash my teeth and throw things about
i will despair and there will be nothing you can do
and sometimes when i am tired and hungry
i will become a screaming monster
felled only by exhaustion

given that time is short
given that the number of my days is unknown
i have no patience now for people who put off their dreams

canción de amor diabética

entiende que hay cosas que jamás podré hacer contigo
nunca iré a la playa contigo durante el verano
nunca compartiré un montón de panqueques contigo
nunca me quedaré despierta toda la noche
tomando chupitos de tequila o cervezas
necesito siestas y necesito descansar
y cuando estoy demasiado cansada dejo de funcionar
mi cerebro empieza a derretirse a 90 grados
cancelaré planes
todo esto será más de lo que puedo soportar

y ahora hay pastillas por la mañana
y pastillas por la noche y más de una jeringa al día
quizás haya tres quizás haya cuatro
y por todas partes por todas partes hay toallitas de alcohol
en la casa en el baño en el piso en mi bolso en mi bolsillo
y lancetas usadas y tiras de prueba con una diminuta gota de sangre
y siempre estaré pinchándome los dedos y pinchándome los dedos
 pinchándome pinchándome pinchándome

nunca puedo saltarme las comidas
siempre voy a necesitar más agua
siempre tendré citas médicas pendientes
y a veces me rebelaré contra todo ello
aullaré y rechinaré los dientes y lanzaré cosas por ahí
me desesperaré y no habrá nada que puedas hacer
y a veces cuando esté cansada y con hambre
me convertiré en un monstruo que grita
derribado sólo por el agotamiento

dado que el tiempo es corto
dado que la cantidad de mis días es desconocida
ahora no tengo paciencia para personas que postergan sus sueños

people without dreams
people dedicated to accumulation and consumption
people who fill their lives with drama and noise
because they can think of nothing better to do
given that time is short
i will cut corners everywhere
and preserve energy for what is essential:
creating and passion and love and beauty and quiet
i will never make beds or iron or clean baseboards
will never go to a mall or a baby shower
or any event for the sake of appearances
i will never again try to make my family love me

i will always be
working on letting go of things that hurt me
will always be intent on healing on becoming stronger
and sometimes that will make me flint-faced and harsh
and sometimes it will make me the compassionate being
i want to live my life as
and sometimes i won't know the difference

but if you stay
if you stay
i will love you always
love you fiercely
love you as if you were the only one i ever loved
love you like my last hope

my only hope
i will give you the light of my eyes
and the touch of my lips
and the hot of my hands
i will be your road going
and your road returning

personas dedicadas a la acumulación y al consumo
personas que llenan sus vidas de drama y de ruido
porque no se les ocurre nada mejor que hacer
dado que el tiempo es corto
tomaré atajos por todas partes
y preservaré energía para lo que es esencial:
crear y pasión y amor y belleza y silencio
nunca haré camas ni plancharé ni lavaré ni limpiaré rodapies
nunca iré a un centro comercial o a un baby shower
o cualquier evento para mantener las apariencias
nunca volveré a intentar que mi familia me ame

siempre estaré trabajando en
soltar aquellas cosas que me lastimaron
siempre estaré enfocada en sanar
en volverme más fuerte
y a veces esto hará que tenga el rostro pétreo y cruel
y a veces esto me convertirá en el ser compasivo
el que quiero ser para vivir mi vida
y a veces no sabré la diferencia

pero si te quedas
si te quedas
te amaré por siempre
te amaré ferozmente
te amaré como si fueras
la unica persona a quien yo he amado
te amaré como si fueras mi última esperanza

mi única esperanza
te daré la luz de mis ojos
y el roce de mis labios
y el ardor de mis manos
seré tu camino de ida
y tu camino de regreso

and most of all
most of all
i promise
i will never give up

y más que nada
más que nada
te prometo
nunca me rendiré

dieta indigena

what would we be if we were still
what our ancestors ate
there were no cows no pigs no chickens here
there were no domesticated animals
animals fattened beyond their ability
to survive in the wild
bred to feeble-mindedness

there were javelinas serpents turtles fish pheasants
and further north buffalo moose deer
none of them raised in captivity misery
none of them pumped with hormones
no Oestradiol Progesterone Testosterone
no Zeranol Trenbolone Melengestrol
no meat injected with ammonia dioxin
no cloned meat no poisoned meat

500 years and our bodies
cannot adjust to this foreign diet
and not just we but all humans
cannot thrive on a diet of chemicals
and preservatives
sulfur dioxide sodium benzoate sodium nitrate
propyl gallate BHA BHT
food prepared food poisoned with
partially hydrogenated oils trans fats saturated fats

and what have they done to maíz
our first food
the corporations have created maíz
which bears no viable seed
they would have us eating maíz
born infertile born artificial born dead

dieta indígena

¿qué seríamos si todavía comiéramos
lo que consumían nuestros antepasados?
aquí no había ni vacas ni cerdos ni gallinas
no había animales domesticados aquí
animales engordados más allá de su capacidad
de sobrevivir en la naturaleza
criados para tener poca inteligencia

había javelinas serpientes tortugas peces
faisanes y más al norte búfalo alce ciervo
ninguno de ellos criado en cautiverio
ninguno de ellos lleno de hormonas
sin Estradiol Progesterona Testosterona
sin Zeranol Trenbolona Melengestrol
sin carne inyectada con dioxina de amoníaco
sin carne clonada sin carne envenenada

500 años y nuestros cuerpos
no logran ajustarse a esta dieta extranjera
y no solo nosotros todos los seres humanos
no pueden prosperar con una dieta de químicos
y conservantes
dióxido de azufre benzoato de sodio nitrato de sodio
gallato de propilo BHA BHT
alimentos preparados alimentos envenandose con aceites
parcialmente hidrogenados con grasas trans grasas saturadas

y qué le han hecho al maíz
nuestro primer alimento
las corporaciones han creado el maíz
que no produce semilla viable
nos hacen comer maíz
nacido infértil nacido artificial nacido muerto

what is a food that is not fertile
we are the eaters of fruit and seed
the eaters of that which has eaten fruit and seed
sustenance of fertility of blooming of gestating
our lives fed by what is alive

but if we listen to the ancestors
there is still food we can eat
food which can renew our health
food we can grow with our own hands
food which has grown in fields close to us
chiles frijoles tomates aguacate calabaza
nopales chayote cacao amaranth quinoa
food we should eat
food we must eat
sustenance our bodies have craved
all these centuries
let us eat what our ancestors ate
decolonize your diet mi raza
it is time to regain our strength

¿qué es un alimento que no es fértil?
somos los comedores de fruta y semilla
los comedores de aquello que ha comido fruta
y semilla sustento de la fertilidad
del florecimiento de la gestación
nuestras vidas alimentadas por lo que está vivo

pero si escuchamos a los antepasados
aún hay comida que podemos comer
comida que puede renovar nuestra salud
comida que podemos cultivar
con nuestras propias manos
comida que ha crecido en campos
cerca a nosotros
chiles frijoles tomates aguacate calabaza
nopales chayote cacao amaranto quinua
comida que debemos comer
sustento que nuestros cuerpos han anhelado
todos estos siglos
comamos lo que nuestros antepasados comían
decoloniza tu dieta mi raza
es hora de recuperar nuestra fuerza

ii.
read the ache of telling so much truth
lee el dolor de decir tanta verdad

poem to frida, patron saint of art and pain

half my life frida   half my life has passed since i first
saw your paintings   the photographs of you   your magnificent
eyes   pools of fury and pain   shooting sparks and light-swallowing
tenderness   the lines bracketing your mouth scoring your eyes   the
line of your lips which read the ache of telling so much truth the
ache of your defiant silence you would not weepyour body's pain in
anything but paint *what do i need feet for if i have wings* you said   and cast
your physical body   into   the   sky

   i am not as strong as you frida   i am not as brave   when i am
in pain i want to cry   i want to giveup i want someone to hold me
someone to carry me   i want to not have a body   half my life ago
i could admire you laying in bed   your torso in a cast flowers in
your hair i kept tiny postcard prints of **the broken column** and **the
wounded deer**   andworshipped the tears from your eyes poetry for
my eyes speaking   the   weeping in my heart

                   but what did i know girl
that i was who had never known pain without escape who had never
known loss without remedy   girl that i was who still dreamed with
innocent fervor   who did not know how to fear   it is true as you said
we can endure much more than we think we can but now i see your wounds
in **the tree of hope remain strong**   and **the disintegrating
woman**   in **the circle**   and i want to fall down weeping for
you   you hurt   you hurt so much and no amount of gold dust could
ever hide the blood you shed   the tears you shed   i want to protect

poema a frida, santa patrona del arte y el dolor

la mitad de mi vida frida   la mitad de mi vida ha pasado desde que
vi   tu pinturas por primera vez   fotografías de tus magníficos
ojos   llenos de furia y dolor   lanzando chispas y una ternura que
se traga la luz   las líneas que enmarcan tu boca surcando tus ojos
la línea de tus labios que lee el dolor   de decir tanta verdad   el dolor
de tu silencio desafiante   no sollozabas el dolor de tu cuerpo en nada
sólo en pintura   *pies para que los necesito si tengo alas* dijiste   y
lanzaste tu cuerpo físico hacia el cielo

no soy tan fuerte como tú frida   no soy tan valiente   cuando
siento dolor quiero llorar   quiero rendirme   quiero que
alguien me abrace que alguien me sostenga   quiero no tener un
cuerpo   hace la mitad de mi vida   podría admirarte acostada en tu
cama   tu torso en un yeso flores en tu cabello   guardé pequeñas
impresiones de postales de **la columna rota** y **el venado herido** y
adoré las lágrimas de tus ojos   poesía para mis ojos pronunciando
el llanto en mi corazón

pero qué sabia yo   niña que fuí   que nunca había conocido
el dolor sin escape la pérdida sin remedio   niña que fuí que aún
soñaba con fervor inocente   que no sabía cómo temer   es
verdad lo que dijiste   *podemos soportar más de lo que creemos*   pero
ahora veo tus heridas en **árbol de la esperanza mantente firme**
y **la mujer desintegrándose** en **el círculo**y quiero derrumbarme
llorando por ti   te dolía   te dolía tanto   y ninguna cantidad de
polvo de oro podría ocultar jamás la

you from those who would render you a metaphor   when you
were a flesh and blood woman frida   an artist who lived so ferociously
your work your words   have burned into so many of usand you said
i am not sick i am broken but i am happy as long as i can paint   and what
more do we need to continue our art when we are afraid   when we are
tired   when we are alone when we are in pain   *ay* frida   may my little
poems burn like embers and rise like crimson smoke   like tattered
phoenixes in your memory   and in honor of those for whom each step
is an effort   an agony   an internal blaze of lightning scorching muscle
and bone

sangre que derramaste   las lágrimas que derramaste   quiero
protegerte de aquellos que te harían metáfora   cuando fuiste   una
mujer de carne y sangre   frida   una artista que vivió tan ferozmente
que tu trabajo tus palabras   se han grabado en todos nosotros   y dijiste
no estoy enferma estoy rota pero soy feliz mientras pueda pintar   y qué más
necesitamos para continuar con nuestro arte cuando tenemos miedo
cuando estamos cansados cuando estamos solos cuando sentimos dolor
ay frida   que mis pequeños poemas   ardan como brasas y se eleven
como humo carmesí   como los fénix desgarrados en tu memoria   y
en honor a aquellos para quienes cada paso   es un esfuerzo   una
agonía   un incendio interno de relámpagos quemando músculo y hueso

"we don't give morphine for heartburn"

doctor dossantos, you would have left my brother to die
you saw him, a young brown-skinned man with scars and tattoos

and decided after a five second examination to discharge him
"we don't give morphine for heartburn," you said and turned away

when we returned to the emergency room a few days later
the doctor read your notes and turned us away within minutes

and the next three doctors did the same and every time the nurses too
were more calloused and wouldn't listen though i pleaded and pleaded

doctor, you left us desperate, him writhing in pain, me helpless and
unable to help, i watched him grow sicker, turn yellow, and when it
was more than he could bear

we readied ourselves again for the drive to the only hospital that took
patients without insurance, readied ourselves for the hours-long
wait to see a doctor

finally there was one who realized what was going on and within a
few minutes had him admitted and before the sun rose, he was

scheduled for surgery later that afternoon and for the first time
in days, i saw his pain ease when they started the morphine drip

there was so much to learn, so much to accept, not just this needed
surgery but to learn he was diabetic and had high blood pressure
and high cholesterol

many doctors after that and for several days i slept on the floor
of that hospital room and finally, though he was weak

and recovering, with a new eleven-inch wound, he was no longer
nauseous and in pain and in need of help i could not give him

"no damos morfina para la acidez"

doctora dossantos, tú hubieras dejado que mi hermano se muriera
lo viste, un joven de piel morena con cicatrices y tatuajes

y decidiste darle de alta después de un examen de cinco segundos
"no damos morfina para las agruras," dijiste y te alejaste

cuando regresamos a la sala de emergencia unos días después
el doctor leyó tus notas y nos hizo salir en minutos

y los siguientes tres médicos hicieron lo mismo y cada vez
las enfermeras también estaban más insensibles
y no me escuchaban aunque suplicaba y suplicaba

doctora, nos dejaste desesperados, él retorciendose de dolor, yo impotente
y sin poder ayudarlo, lo vi enfermarse cada vez más y más, volverse amarillo
y cuando fue más de lo que él podia soportar

nos preparamos nuevamente para el viaje hacia el único hospital
que recibía pacientes sin aseguranza médica nos preparamos para
la espera de varias horas antes de poder ver a un doctor

finalmente hubo uno que se dio cuenta de lo que estaba pasando y en pocos
minutos lo había ingresado y antes de que saliera el sol

tenía programada una cirugía para esa misma tarde y por primera vez
vi como su dolor disminuía cuando empezaron la infusión de morfina

había tanto que aprender, tanto que aceptar, no sólo esta cirugía necesaria
nos enteramos que era diabético y tenía la presión alta y el colesterol elevado

muchos médicos después de eso y por varios días dormí en el suelo de ese
cuarto de hospital y finalmente, aunque estaba débil

y recuperándose, con una nueva herida de once pulgadas, ya no sentía náuseas
ni dolor ni necesitaba ayuda que yo no podía brindarle

i am grateful for that, every day i am grateful i didn't lose him
i am grateful that we went back and went back and insisted and insisted

but doctor dossantos, I curse your name, every time I pass that hospital
every time I think of you, I hope, one day, you are left writhing waiting

mad with pain, I hope you are ignored, dismissed, left helpless
I cannot forgive you, doctor, I will never forgive you, I hope you burn
in hell.

estoy agradecida por eso, cada día estoy agradecida de que no lo perdí
estoy agradecida de que volvimos y volvimos e insistimos e insistimos

pero doctora dossantos, maldigo tu nombre, cada vez que paso
por ese hospital y cada vez que pienso en ti, espero
que algún día te quedes retorciéndote y esperando

loca de dolor, espero que te ignoren, que te desestimen,
que te dejen indefensa yo no puedo perdonarte, doctora,
jamás podré perdonarte, ojalá y ardas en el infierno.

diabetic epidemic

la azucar we heard it whispered first
la azucar they said but it made no sense
the sugar the sugar she died from la azucar
at first it was only the old people
the only difference we saw
was that coffee needed sweet'n low instead of sugar
and maybe they'd eat only half a piece of pan dulce
instead of two

and then it was my father
i was ten he seemed the same
nothing we could see was different
though every morning he pulled out a vial
from the refrigerator and gave himself a shot
they told him he had to eat differently
but didn't tell him why or how to eat the food
in the little guidebook
half of which he'd never seen before

and there were stories but those were about other people
years passed and then it was everyone's grandparents
and some aunts and uncles though they were all at least fifty years old
we heard of children who had it but only saw them on tv with jane
fonda while on mexican tv there were all these commercials that said
this pill this plant this doctor can make you better

la azucar was everywhere
but not as scary as cancer cancer would kill you
i went to college and learned nothing at all about it
and then returned to south texas
where the people are ninety eight percent
hispanic latino mexican tejano whatever name they like most
and by this time people could say la azucar and everyone understood

epidemia diabética

la azúcar escuchamos decir al principio
la azúcar dijeron pero no tenía sentido
la azúcar la azúcar ella murió por la azúcar
al principio solo eran los ancianos
la única diferencia que veíamos
era que el café requería sweet n low en lugar de azúcar
y quizá sólo se comían la mitad de un pan dulce
en vez de dos

y luego fue mi padre
yo tenia diez él parecía el mismo
nada que pudiéramos ver era diferente
aunque cada mañana sacaba un vial
del refrigerador y se inyectaba
le dijeron que tenia que alimentarse diferente
pero no le dijeron el por qué o cómo alimentarse
con los alimentos en la guía
la mitad de los cuales jamás había visto

y existían historias pero eran sobre otras personas
pasaban años y luego se trataban de los abuelos de todos
y algunas tías y tíos aunque todos tenían por lo menos cincuenta
años de edad nos enteramos de niños que lo padecían pero salían en
la tele con jane fonda en los canales de méxico muchos comerciales que
decían esta pastilla esta planta este doctor harán que te sientas mejor

la azúcar estaba en todas partes
pero no era tan alarmante como el cáncer cáncer podía matarte
asistí al colegio y no aprendí nada sobre eso
luego regresé al sur de texas
donde la gente es el noventa y ocho por ciento
hispano latino mexicano tejano cualquier nombre que más les guste
y para ese tiempo la gente podía decir la azúcar y todos comprendían

not to insist not another tortilla no more cake no beer
and there was splenda and diet coke and sugar free snow cones
in every restaurant and on every corner

everything changed when it was my brother my youngest brother
in the hospital for gallstones though it took two weeks, six e.r. visits
and two hospital admittances before they operated
and it was on the third or fourth visit when they asked
did you know you're diabetic
and said oh and you have high blood pressure and high cholesterol
and are you a pima indian I've read studies many pima indians
have all three diabetes high blood pressure and high cholesterol

everything i learned from my brother i shared
with anyone who asked anyone who confided in me
how many people on the verge of tears who didn't understand why
old people young people thin people
round people white people brown people
everyone says type two diabetes can be controlled with diet and exercise
they lay all the blame on obesity but not everybody is the same
there are all kinds of factors all kinds of resistances
and the right medication for one person is wrong for another

i changed my diet gave up drinking
thought i'd managed not to become a target
no one told me not sleeping and skipping meals and stress
and living on adrenaline could tear the body down
or that insulin resistance was part of polycystic ovarian syndrome
and then that day came the confirmation from the doctor
and my first shot of insulin and now la azucar was in my body
part of my life and it was a while
before i could see anything outside myself
without my brother i think i would have given up given in

no insistir en otra tortilla no más pastel no más cerveza
y había Splenda y Coca Dieta y raspados sin azúcar
en cada restaurante y en cada esquina

todo cambió cuando fue mi hermano mi hermano menor
en el hospital por piedras en la vesícula aunque tomó dos semanas,
seis visitas a emergencias y dos admisiones al hospital antes de
ser operado y fue en la tercer o cuarta visita cuando
le preguntaron sabías que eres diabético?
y dijeron o y que tienes alta presión y colesterol alto
y eres un indio pima he leído estudios muchos indios pima
tienen los tres diabetes alta presión y colesterol alto

todo lo que aprendí de mi hermano lo compartía
con todos lo que preguntaran con todos los que confiaban en mí
cuanta gente al bordo del llanto que no comprendía por qué
gente vieja gente joven gente flaca gente redonda gente blanca
gente morena todos dicen que la diabetes tipo dos puede ser
controlado con dieta y ejercicio
le echan la culpa a la obesidad pero no todos los cuerpos
son iguales hay todo tipo de factores todo tipo de resistencias
y el medicamento correcto para una persona es el equivocado
para otra

yo cambié mi dieta dejé de beber
pensé que había evitado no ser un blanco
nadie me dijo que no dormir y saltarse una comida y estrés
y vivir de adrenalina podía derrumbar al cuerpo
o que la resistencia a la insulina era parte de síndrome del
ovario poliquístico y llegó ese día la confirmación del doctor
y mi primera inyección de insulina y ahora la azúcar estaba
en mi cuerpo parte de mi vida y pasó tiempo
antes de poder ver algo fuera de mí misma
sin mi hermano creo que me hubiera dado por vencida

it took awhile but then i opened my eyes
and noticed that la azucar was all around me
the woman next to me at work
the early morning bus driver
every third person at my other job
and the man at the store puzzling over egg substitutes
and the waitress downing a shot of orange juice during a long shift
and everywhere i see the warning signs in people's behaviors
in their complaints symptoms beyond passing
thirst or temporary blood sugar lows
but no one listens
why isn't there screaming in the streets
the children are diabetic the pregnant women are diabetic
so many people of color so many poor and working class
and the food is making us sick
and every day there are more and more of us
and la azucar is claiming lives and limbs and whole families
why is la azucar still being whispered
we should be screaming it

tomó tiempo pero luego abrí los ojos y noté que la azúcar
estaba por todas partes la mujer junto a mí en el trabajo
el conductor de autobús por la madrugada
cada tercer persona en mi otro empleo
y el hombre en la tienda confundido sobre sustitutos
de huevo y la mesera bebiéndose
un trago de jugo de naranja durante un largo turno
y en todas partes veo las señales de alarma en los
comportamientos de la gente en sus quejas síntomas
que van más allá de una sed pasajera o niveles bajos de
azúcar pero nadie escucha por qué nadie lo grita en
las calles los niños son diabéticos las mujeres embarazadas
son diabéticas tanta gente de color tanta gente pobre y
de clase trabajadora y la comida nos está enfermando
y cada día hay más y más como nosotros y la azúcar está
cobrando vidas y extremidades y familias enteras
por qué aún se susurra sobre la azúcar
deberíamos gritarlo

labwork

i gave them
my arm i've found it hurts less
if i watch everything but the exact
moment the needle pierces my vein my
blood is a deep almost black red i watch it
being drawn
out of me enough to fill three vials

i remember when my blood was bright
red the red of poinsettias the red
of other people's blood

it's not my imagination, i said to the
young nurse, my blood is darker than it
was, isn't it...   yes, she said, flicking her
ponytail,
it's the insulin

of all the changes diabetes has brought to
my body the sensitivity to heat the
painfully dry skin the weight gain the
exhaustion
this change in the color of my blood
makes me sad seems to say i am changed

changed irredeemably
changed without return

what else of me has changed
what would i tell the lover now the one
who said my skin carried the scent of
sunlight and maíz the one who murmured
against my thighs that i tasted of night

análisis

les di mi brazo
me duele menos si miro
todo excepto el momento exacto
en que la aguja perfora mi vena
mi sangre es de un rojo oscuro
casi negro veo cómo la
extraen de mí suficiente
para llenar tres viales

recuerdo cuando mi sangre
era de un rojo brillante
el rojo de las poinsetias el rojo
de la sangre de otras personas

no es mi imaginación, le pregunte
a la joven enfermera,
mi sangre es más oscura
de lo que era, verdad
sí, dijo ella, sacudiendo
su cola de caballo,
es la insulina

de todos los cambios que la
diabetes ha traído a mi cuerpo
la sensibilidad al calor
la piel dolorosamente seca
el aumento de peso el agotamiento
este cambio en el color de mi
sangre me entristece parece
decir que he cambiado

cambiado irremediablemente
cambio sin retorno

jasmine
and the earth after rain

do i taste of illness now of medications
acid and poison is my skin marked over
with toxic warnings no lover now could
know my body young or strong or healthy
no lover now could know the taste of me
before insulin before disease

is this still my body to give
and who would find this body beautiful
when i can't even
recognize it

qué más de mí ha cambiado
qué le diría ahora al amante
que decía que mi piel llevaba
el aroma del sol y del maíz
que murmuraba contra mis muslos
que yo tenía sabor a jazmín
nocturno y el olor de la tierra
después de la lluvia

tendré ahora el sabor a enfermedad
a medicamentos
ácido y veneno estará mi piel
marcada con advertencias tóxicas
ningún amante ahora podra conocer
mi cuerpo joven fuerte saludable
ningún amante podría ahora
conocer mi sabor antes de la insulina
antes de la enfermedad

sigue siendo este mi cuerpo
para ofrecer y quién encontraría
este cuerpo hermoso
cuando yo ni siquiera
lo reconozco

ode to the syringe

o syringe   should i praise you   o syringe you must
know i am grateful   you have ensured   my life
continuing   you are a lasso a lariat a rope   a pair
of strong arms a tool for reining back the wild rebellions
of my blood

o syringe   i am your destiny   your function your
reluctant recipient   o syringe   you are part   of my
story   part   of my history   you like to follow my
relatives around   and around   and around

o syringe   sometimes you are effortless   o syringe
sometimes you deliver   a searing bundle of agony
that cannot be stopped   that can only be endured
sometimes you leave me wanting to scratch
under my skin

o syringe   how many of your kind have pierced my
skin   o syringe   i think more than two thousand
by now   and at the rate of four injections a day   the
numbers of your spent husks   are rapidly
accumulating

o syringe   i   should   praise   you

oda a la jeringa

oh jeringa   debo alabarte   oh jeringa debes saber
que estoy agradecida   has asegurado   la continuación
de mi vida   eres una reata una cuerda un lazo   un par de brazos
fuertes   una herramienta para dominar las rebeliones salvajes
de mi sangre

oh jeringa   soy tu destino   tu función tu
recipiente renuente oh jeringa   tú eres parte de mi
historia   parte de mi historial   te gusta seguir a mis
parientes   seguirlos y seguirlos y seguirlos

oh jeringa   a veces eres fácil   oh jeringa
a veces me regalas un torrente abrasador de agonía
que no se puede detener que sólo se puede soportar
a veces me dejas con las ganas de rascarme bajo la piel

oh jeringa   cuántos de los tuyos han perforado mi
pie   oh jeringa creo que ya son más de dos mil
y a un ritmo de cuatro inyecciones por
día   los número   de tus cáscaras gastadas se acumulan
rápidamente

oh jeringa   debería   alabarte

another examining room. the young
physician's assistant walks in, greets me,
glances over my file puts everything
down. let's take a look at your feet to
start, she says. i bend down to take off my
shoes but she stops me, kneels down. I
apologize for not having had a pedicure,
for my unpainted toenails. she waves
away my apologies, and takes my right
foot in her hands and carefully removes
the shoe, then the sock. she holds my foot
carefully and asks me to close my eyes.

do you feel this, she asks, and this and this
and what about here and this. wonderful,
she says, you've lost no feeling at all. she
releases my right foot and lifts the left one
and treats it as gently and respectfully as
the first. I want to cry, I want to thank her
but I don't have the words. years of the
doctor turning away while I removed my
shoes. years of them wincing and trying
not to touch my skin with their gloved
hands, my still strong and sensitive feet
made ugly.

no one had ever treated my feet this way.
it was a gift to be seen as a person who'd
known joy and suffered pain, not the
automaton that doctors had poked and
prodded. doctors who never warned me
before they hurt me, who never even said

bendición

otra sala de examen. la joven asistente médico
entra, me saluda, echa un vistazo a mi
expediente y deja todo el papeleo.
para empezar vamos a mirar tus pies, dice.
me inclino para quitarme los zapatos pero ella
me detiene, se arrodilla. pido disculpas por no
haberme hecho la pedicura. descarta mis
disculpas y me toma el pie derecho
en sus manos y me quita el zapato con
cuidado, luego el calcetín. sostiene
mi pie con cuidado y me pide que
cierre los ojos.

puedes sentir esto, pregunta, y esto y esto
y qué tal aquí. maravilloso, dice, no has perdido
ninguna sensación. ella suelta mi pie derecho
y levanta el izquierdo y lo trata con la misma
gentileza y respeto como lo hizo con
el primero. quiero llorar, quiero agradecerle
pero no tengo las palabras. muchos años con doctores
que apartaban la mirada mientras me quitaba
los zapatos. muchos años con todos ellos haciendo
muecas y tratando de no tocarme la piel
con sus manos enguantadas, haciendo ver feos
a mis pies aún fuertes y sensibles.

nunca nadie había tratado a mis pies así. era
un regalo ser vista como una persona que
había conocido la alegría y sufrido el dolor, no la
autómata a quien los doctores habían pinchado y
manipulado. doctores que nunca me advertían
antes de lastimarme, que ni siquiera decían que

.

this might hurt. doctors who'd seen me at
my most vulnerable and had no human
look or touch or word they could spare
me.

I wanted to cry. this was a gift. as humble
and great a gift as if she had washed my
feet with her hair. this was a kind of grace.
my feet in her hands. how gently she put
my socks back on again, how she slipped
my shoes back on, how she too saw the
beauty of my simple feet.

esto podría doler. doctores que me habían
visto en mi momento más vulnerable y no
tenían una mirada ni tacto humano que
pudieran ofrecerme

quería llorar. esto era un regalo. un regalo
tan humilde y grande como si ella hubiera
lavado mis pies con su cabello. esto era
una especie de bendición. mis pies en sus manos.
con qué suavidad volvió a ponerme
los calcetines, cómo me volvió a calzar
los zapatos, cómo ella también vio
la belleza de mis pies sencillos.

en trozos/in pieces

i never met my mother's mother
concepción liguez lara died the year
    before i was born
my father told stories about rushing
her to the doctor to have her toe
her black fleshed toe amputated
my mother never said anything
    never said how she died
        never described her illness

the last time i saw my tía lupe
    it was my mother's funeral
my tía died two years later
i remember her strong graceful
lifting   herself out of the car into the wheelchair
    survivor of amputation toes feet legs
they'd begun on her fingers
    i remember her fierce expression

my father had been diabetic for six years
the only time i ever saw him cry
    was after the doctor told him
it was likely they would have to amputate his foot
he turned his face to the pillow
    body convulsing with broken sobs
he healed kept his feet for another eighteen years

after four years of silence i called
    when i heard he'd lost one foot
neither of us spoke of it
we spoke of living and of pain
    of dying and the end of fear
we said goodbye knew we would not speak again

en trozos

jamás conocí a la madre de mi madre
concepción liguez lara murió el año
        antes de que yo naciera
mi padre contaba historias acerca de llevarla
al doctor de emergencia para que el dedo gordo
su dedo gordo ennegrecido fuera amputado
mi madre nunca dijo nada
        nunca dijo como murió
                nunca describió su enfermedad

la última vez que vi a mi tía lupe
        fue en el funeral de mi madre
mi tía murió dos años después
recuerdo su firme elegante
manera   de salirse del coche a la silla de ruedas
        sobreviviente de dedos amputados pies piernas
habían empezado en los dedos de la mano
        recuerdo su expresión feroz

mi padre había sido diabético por seis años
la única vez que lo vi llorar
        fue luego que el doctor le dijo
que era probable que tuvieran que amputarle el pie
volteó su rostro hacia la almohada
        su cuerpo convulsionado por llanto entrecortado
él sanó no perdió sus pies por otros dieciocho años

después de cuatro años de silencio llamé
        cuando supe que había perdido un pie
ninguno de nosotros habló sobre ello
hablamos de vivir y del dolor
        de morir y el fin del miedo
nos despedimos sabíamos que no volveríamos a hablar

later i learned they also amputated his other foot
        what he feared most was to go in pieces

            now i fear it too

strange dazed terror when i see the crutch
the walker the wheelchair the power scooters
terror when i see the missing foot the missing limb
strangers on the bus and at the store and at work
and on the street anywhere everywhere terror

yes limbs are lost everyday to war in car accidents
at work to freezing temperatures to violence
        but this is the terror of being devoured
one limb not being enough to satiate the beast
        this is the terror of going piece by piece

would i be strong enough
        to follow my tía lupe's example
would i want to could i see myself go in pieces
i think i would choose to live but i don't know
        there is a prayer i cannot help
diosito grant me 75 years of life to do my work
please i want to stay whole and strong
            able to walk

i know this is selfish
        i have already been given more than others
more life more strength more freedom more health
more love more time
        but i can't help wanting more
sometimes i hold my feet my calves in my hands
        stare at my fingers
i cannot comprehend my body without them

luego me enteré de que le habían amputado el otro pie
        a lo que más le temía era a irse en trozos

            ahora lo temo yo también

terror extraño aturdido cuando miro la muleta
el andador la silla de ruedas el scooter motorizado
terror cuando veo el pie amputado la extremidad ausente
desconocidos en el autobús y en la tienda y en el trabajo
y en la calle en cualquier lugar en todas partes terror

sí las extremidades se pierden a diario en guerras
            en accidentes automovilísticos
en el trabajo a temperaturas congelantes a la violencia
            pero este es el terror a ser devorado
a que un miembro no sea suficiente para saciar a la bestia
            este es el terror de irse acabando trozo a trozo

sería yo lo suficientemente fuerte
            para seguir el ejemplo de mi tía lupe
lo desearía podría verme acabada en trozos
creo que optaría por vivir pero no lo sé
            hay una oración que no puedo evitar
diosito dame 75 años de vida para llevar a cabo mi labor
por favor quiero mantenerme entera y fuerte
                poder caminar

sé que esto es egoísta
            he recibido más que otros
más vida más fuerza más libertad más salud
más amor más tiempo
            pero no puedo evitar desear más
a veces tomo mis pies mis pantorrillas mis manos
            miro fijamente mis dedos
no comprendo mi cuerpo sin ellos

oh body cuerpecito mio

how many years i wasted not loving you
judging you for what they said you lacked
for what you were too much of
        too big too dark too fat too short too india
too masculine not pretty enough not feminine enough
not worthy of love
            what does any of that matter now

oh body cuerpecito mio
        i will never see you through their eyes again
only through mine praising your strength
and your beauty the life i've lived through you
your joy and your endurance your hunger
        and your light
i will learn to take care of you
as i have learned to love you
no terror no terror
            only love

ay cuerpo cuerpecito mío

cuantos años perdí no amándote
juzgándote por lo que ellos decían que te faltaba
por lo que tenías de más
        muy grande muy oscura muy gorda muy chaparra muy india
muy masculina no lo suficiente bonita no lo suficiente femenina
no merecedora de amor
            qué importa todo eso ahora

ay cuerpo cuerpecito mio
        no volveré a verte a través de sus ojos otra vez
sólo a través de los míos alabando tu fuerza
y tu belleza la vida que he vivido por tí
tu júbilo y tu entereza tu hambre
        y tu luz
aprenderé a cuidarte
como he aprendido a amarte
sin terror sin terror
            sólo amor

iii.
silence left and left the gate door open
se fue el silencio y dejó la reja abierta

one-sided conversations with my mother

cemetery

amá, when you were alive, i never once spoke to you in
english. now, ten years after your passing, i think there
are things i would like to say that i've never learned
how to say in spanish. for some conversations a
dictionary is a doorway. for others it is an obstacle.

                          it's raining today
like it was the day you died. the way it rained in the
weeks after. someone said it meant the sky was
mourning with us, but i've always loved the rain. and so
did you. you rested when it rained. no fighting the sun's
heat. i imagine you could feel the hot earth sighing and
all the green leaves singing.

      your remains rest here. the earth is soft beneath
my feet. the grass springs back when i have passed. i
buried my braid here with you. you lay here alone, for
nine years minus one day, before they laid his remains
beside you. the ground above him seems fractured,
unsettled.

                       i am not the girl i was
ten years ago, amá. what would we say now
about death, about dying, about life.

kitchen

this is the kitchen where you made us meals without
number. i watched you so many times. the sink is
slightly rounded, here, where we both leaned against it
to wash dishes. this is the counter, with its speckled

conversaciones desiguales con mi madre

cementerio

amá, cuando usted vivía jamás le hablé en inglés. ahora, diez años después
de su muerte, pienso que hay cosas que me gustaría decirle que nunca
aprendí como decirlas en español. para algunas
conversaciones un diccionario es un portal. para otras es un obstáculo.

       hoy llueve como el día en que usted falleció. como llovió en las
semanas siguientes. alguien dijo que significaba que el cielo estaba de luto
con nosotros, pero a mí siempre me ha gustado la lluvia y a usted también.
usted descansaba cuando llovía. no había que luchar con el calor solar.
imaginé que podía sentir la tierra caliente suspirando y todas las hojas
verdes cantando.

     sus restos permanecen aquí. la tierra es blanda bajo mis pies. el
césped se vuelve a enderezar a mi paso. aquí enterré mi trenza con usted.
estuvo aquí sola, por nueve años menos un día, antes que colocaran los
restos de mi padre junto a usted. el nivel arriba del suelo sobre él parece
fracturado, inquieto.

          no soy la niña que era
hace diez años atrás, amá. qué diríamos hoy sobre la muerte, sobre morir,
sobre la vida.

cocina

ésta es la cocina donde nos preparó incontables alimentos. yo
la observé tantas veces. el fregadero está algo redondeado, aquí,
donde ambas nos apoyábamos para lavar las vacijas. ésta es la
encimera con su explosión de color anchado de amarillo naranja y verde,

yellow orange and green starburst pattern, where you
made tortillas, where i laid out cookies, where we all
always gathered.

it's been six years since moisés stood
where you stood in this kitchen. washed chopped
scraped peeled seasoned stirred kneaded tasted where
you washed chopped scraped peeled seasoned stirred
kneaded tasted.

i wept. he woke the walls
the house the windows the floors. the air itself vibrated
and shimmered remembering you. this was my home
again. where you had been. i wept amidst the scent of
onions and tomatoes simmering.

i would like to tell you about his atole
de avena, the arroz con leche, his carne guisada made
without flour, the dish he invented with nopalitos. how
his cooking often made me want to cry. though he
hardly spent any time in the kitchen with you, somehow
he learned, like you, to infuse his cooking with love.

i never learned that. something always burns
when i try. maybe if you explained it, i would
understand.

so much i would like to
tell you about my brother, your youngest son, the last
gift you gave me.

garden

i remember you sneaking radishes as if they
were a guilty pleasure. cucumbers by the double
handful and fruit, always fruit. white grapes, red grapes,
apples, oranges, bananas. a pan of sautéed spinach to
ease your craving. nopalitos or green beans with a little
onion and chile. pan de elote made without any flour.

donde usted hacía las tortillas, donde colocaba galletas, donde todos
siempre nos reuníamos.

han pasado seis años desde que moisés
se paró donde usted estuvo parada en esta cocina. lavó picó rayó peló
sazonó mezcló amasó probó donde usted picó rayó peló sazonó mezcló
amasó probó.

lloré. él despertó las paredes la casa las
ventanas los pisos. el mismo aire vibró y centelleó recordándola. éste era
mi hogar una vez más. donde usted había estado. yo lloré entre el aroma
de las cebollas y tomates cociéndose.

me gustaría hablarle del atole de avena que moisés
cocina, el arroz con leche, su carne guisada preparada sin harina, el platillo
que inventó con nopalitos. cómo su sazón frecuentemente me hace llorar.
aunque él casi no pasó mucho tiempo en la cocina con usted, de alguna
manera aprendió, como usted, ha infundir su cocina con amor.

yo nunca aprendí eso. siempre
algo se me quema al intentarlo. quizá si usted lo explicara, lo entendería.
hay tánto que quisiera platicarle de mi hermano, su hijo menor, el ultimo
regalo que usted me dio.

jardín

la recuerdo robando rábanos a escondidas como si fuera
un placer prohibido. pepino a doble puñado y fruta, siempre fruta. uvas
blancas, uvas rojas, manzanas, naranjas, plátanos. un sartén de espinacas
salteadas para aplacar su antojo. nopalitos o ejotes con un poco de cebolla
y chile. pan de elote preparado sin harina.

you grew up close to the monte,
eating the land's bounty. you grew up with a
garden. i remember you poring over packs of seeds at
the store. how you longed to grow your own corn and
tomatoes and squash. you'd worked in fields all your
life, harvesting the food of others. but i knew what you
wanted. a little plot of land where you could watch your
own food grow from seed to leaf-ling to fruit-bearing plant.
apá's hunger
ruled the food we ate. he grew up on fried potatoes,
refried beans, fried meat. he only allowed iceberg
lettuce and tomatoes served at the table. i remember
one summer we ate fried chicken until the thought of it
made me want to vomit. i lived on biscuits and honey.
oh, the
conversations we could have now about growing food
and pesticides and nutrition and the benefits of fiber
and fresh produce and hormone-free meat and avoiding
preservatives and the causes of cancer.
oh, the causes of cancer.

hospice

i will always be grateful for this place. the kind and
graceful nurses. the blue serenity room. the separate
gathering area. the small moments of care. the visiting
harpist. the extra blankets. the couch where i slept. the
blooming plants outside the patio door. the vases of
fresh flowers volunteers brought.
they never said you had too many
visitors. and visitors came at all hours. a lovely place for
them to make their goodbyes. no cold and alien hospital.
the staff left us mostly alone that last morning. to hold

usted creció cerca del monte, alimentándose de la
abundancia del suelo. creció con un jardín. yo la recuerdo examinando
atentamente los paquetes de semillas en la tienda. cómo ansiaba cultivar su
propio maíz y tomates y calabaza. había trabajado en sembradíos toda su
vida, cosechando los alimentos de otros. pero yo sabía lo que quería. un
pequeño pedazo de tierra donde poder ver crecer su propia comida desde
la semilla hasta la hoja hasta la fructífera planta.

el hambre de apá regía la comida que
consumíamos. él fue criado con papas fritas, frijoles refritos carne frita.
sólo permitía que la lechuga repollada y tomates se sirvieran en la mesa.
recuerdo un verano que comimos pollo frito hasta que el sólo pensarlo me
daba náuseas. yo viví de panecillos y miel

ah, las
conversaciones que hoy podríamos tener sobre cultivar alimento y
pesticidas y nutrición y los beneficios de la fibra y verdura fresca
y carne-libre-de-hormonas y evitar los conservantes y las causas
del cáncer.

ah, las causas del cáncer.

hospicio

siempre estaré agradecida por este lugar. las atentas y agradables
enfermeras. el cuarto azul de serenidad. el área apartada para reuniones.
los pequeños instantes de cariño. la arpista invitada. las colchas extras. el
diván donde yo dormía. las plantas florecientes afuera de la puerta del
patio. los jarrones de flores frescas que llevaban los voluntarios.

nunca dijeron que usted tenia demasiados
visitantes y los visitantes llegaban a todas horas. un hermoso lugar donde
ellos pudieran despedirse. no un frío y extraño hospital. el personal nos
dejó casi solos esa ultima mañana. para tomarle la mano mientras su
respiración se volvía más lenta y todo menos su cuerpo se desvanecía.

your hand as your breath slowed and everything but
your body fell away.

        we spent very little time speaking in your
last days. you spent a lot of time sleeping, especially
after they started the morphine drip. and then you
couldn't speak at all.

      so strange, you lying in silence.

            when i lived at home
after college, you never called or shook me awake. you
simply sat at the edge of my bed and started talking.
eventually, i'd respond. wake up. and our conversations
of the day would begin.

      i think we both chose our friends for their
ability to make interesting conversation. we delighted in
talking to strangers. people always said we looked alike
though our features were completely different. i
remember we were both so charmed when someone
said we had the same smile. do i resemble you more
now that i am older.

road

in my first memories of you, you are driving. dawn.
wind. the roar of the truck's engine. afternoon heat.
gritty dirt everywhere. dusk. a thousand miles of
highway unrolling before us.

   in my last memories of you, i drove your body
three hundred miles to its resting place. i didn't speak to
you then. everything in me was silent and still.

           so much we could say to
each other now. things i didn't know then. grief betrayal
pain illness. i would like to ask you about despair and
endurance. about the dimensions of the spirit. about
your memories. i want to hear you again telling me
every memory you shared and all the ones you didn't.

pasamos muy poco tiempo
conversando en sus últimos días. pasó mucho tiempo durmiendo,
especialmente luego de que empezaron con el gotero de morfina. y luego
ya no pudo hablar.

qué extraño, usted acostada en silencio.
cuando viví en casa después del colegio, nunca me habló o sacudió
para despertarme. simplemente se sentaba en la orilla de mi cama y
empezaba a hablar. finalmente, yo respondía. despertaba y nuestras
conversaciones del día empezaban.

pienso que ambas
elegíamos a nuestras amistades por su habilidad para tener conversaciones
interesantes. nos deleitábamos en platicar con extraños. la gente siempre
decía que éramos similares aunque nuestras facciones eran completamente
diferentes. recuerdo que a ambas nos encantó cuando alguien dijo que
teníamos la misma sonrisa. me parezco más a usted ahora que tengo más
edad.

camino

en mis primeros recuerdos de usted, va conduciendo. un
amanecer. viento. el rugido del motor del camión. tarde calurosa. tierra
arenosa por todas partes. crepúsculo. miles de millas de autopista
desenroscándose ante nosotros.

en mis últimos recuerdos de usted, yo
conduje su cuerpo trecientas millas hasta su última morada. no le hablé
entonces. todo en mí estaba en silencioso y quieto.

tendríamos tanto
que decirnos ahora. cosas que no sabía en aquél entonces. aflicción traición
dolor enfermedad. me gustaría preguntarle sobre desesperación y
entereza. sobre las dimensiones del espíritu. sobre sus recuerdos. quiero
escucharla de nuevo contarme cada recuerdo que compartió y todos
aquellos que no.

tendría mucho que contarle
sobre los últimos diez años. gente que he conocido. cosas que he hecho.
quien ahora soy.

i'd have so much to tell
you about the last ten years. people i've met. things i've
done. who i am now.
i would like to share everything i've
learned about the indigenous identity you were never
ashamed of. i would read you poems, translating them
all. i would insist until you sang with me. i would have
so many questions.
you'd be seventy-one now if you'd lived. if
you'd left apa all those years ago, we could have been a
happy little household of three. just you, me, and
moises. the three of us taking care of each other.
we could have been happy,
even with the other siblings coming in and out of our
lives. i don't know if you would have been able to resist
taking apá in when he was sick, when he was dying.
i don't know.
your hair would be white now. it
had so little grey in it when the chemo and the radiation
took it all away. you would still have hardly any lines,
and no one would believe you were over seventy.
you and moisés
would have a garden. we'd repaint all the rooms in the
house. there would always be music. and laughing. we'd
all take forever to get up from the table after breakfast,
talking until our legs became restless. we'd take day
trips and road trips whenever we wanted, and drive as
slowly as we wanted. stopping whenever we wanted to
rest or take a look around. no hurrying. no leaving it till
next time.

me gustaría compartir todo lo que he
aprendido sobre la identidad indígena de la cual nunca se avergonzó. le
leería poemas, traduciéndolos todos. insistiría hasta que cantara conmigo.
tendría tantas preguntas.

tendría usted setenta y uno
si hubiera vivido. si hubiera dejado a apá hace tantos años, hubiéramos sido
una familia feliz y pequeña de tres. sólo usted, yo y moisés. nosotros tres
cuidando el uno del otro.

hubiéramos sido felices,
aún con los hermanos mayores entrando y saliendo de nuestras vidas. no sé
si hubiera podido resistir admitir a apá cuando estuvo enfermo, cuando se
estaba muriendo.

no lo sé.

su cabello ahora estaría blanco. tenia tan
poco gris cuando la quimioterapia y la radiación se llevaron todo. aún no
tendría casi ni una arruga, y nadie creería
que tuviera más de setenta.

usted y moisés tendrían un jardín. volveríamos
a pintar todos los cuartos de la casa. siempre habría música. y risa. nos
tardaríamos una eternidad para levantarnos de la mesa tras el desayuno,
platicando hasta que nuestras piernas se inquietaran. haríamos viajes de un
día y largos recorridos cuando quisiéramos, y manejaríamos tan lento
como lo quisiéramos. nos detendríamos cuando quisiéramos o para ver los
alrededores. sin prisa. sin dejarlo para otra ocasión.

waking

there is so much to say. so many stories to tell. your
absence lives in me.
                    there is no way to end this
conversation, amá. it has no end. it will never end…

despertando

hay mucho que decir. tantas historias que contar. su ausencia vive
en mí.
                         no hay forma de terminar esta
conversación, amá. no tiene final. jamás va a terminar...

susto

        the old women say it is the accumulated weight
of so many sustos that cause diabetes
         susto: not fright but trauma
and stress and shock and loss and grief
         which susto do i blame for all this
which susto was the first to begin breaking down my resistance which
susto was the last straw
      the knife that gutted me that drove me to the edge
pushed my body over which susto claimed victory and drove my very
cells to refuse the gifts of my blood
             how do i name them all and once named
how do i uproot them unmake them and how do i heal

   what's left behind

susto

las ancianas dicen que es el peso acumulado
de tantos sustos lo que causa la diabetes
susto: no miedo sino trauma
y estrés y shock y pérdida y dolor
a cuál susto le echo la culpa por todo esto
cuál susto fue el primero que empezó a derrumbar mi resistencia cuál susto
el cuchillo que me destrozó que me llevó al bordo
empujó mi cuerpo cuál susto declaró victoria e impulsó mis células a
rehusar los dones de mi sangre
cómo los nombro a todos y ya
nombrados cómo los arranco los deshago y cómo sano

lo que queda

it's been five years, four months, three
days since you last touched my
lips. i remember that night. a
perfect night though there was no
singing. no gritos thrown against
the hot breeze.

you were the best tequila of my life.
smooth and fiery in a beautiful
bottle. my last tequila, you were a
gift from another writer. i didn't
know you'd be my last.

five years, four months, three days makes
it sound as if i were part of
alcoholics anonymous, but the
truth is— i left you for my liver. i
heard pre-diabetic and vowed
never again.

though from nineteen to twenty-eight, we
rampaged from one coast to
another, in south texas, on the
other side of the border, in austin
and san antonio. you made the
lights, the singing, the dancing all
the more beautiful. you were so
much a part of me, i even learned
to answer to your name.

but after that doctor's visit, i left you and
never looked back. i can't
understand those who can't live

han pasado cinco años, cuatro meses, tres
        días desde que tocaste mis labios.
        recuerdo esa noche. una noche
        perfecta aunque no hubo canto. ni
        gritos siendo azotados contra la brisa
        candente.

fuiste el mejor tequila en mi vida. suave y
        ardiente en una linda botella. mi
        último tequila, un regalo de otro
        escritor. no sabía que serías mi
        última.

cinco años, cuatro meses, tres días parece
        como si yo fuera parte de alcohólicos
        anónimos, pero la verdad es—te dejé
        por mi hígado. escuché pre-diabética
        y juré que nunca más.

aunque de los diecinueve a los veintiocho,
        arrasamos de una costa a la otra, en
        el sur de tejas, al otro lado de la
        frontera, en austin y san antonio.
        hiciste de las luces, el canto, el baile
        más bellos aún. eras una gran parte
        de mí, hasta aprendí a responder a tu
        nombre.

pero luego de esa visita al doctor, te dejé y
        jamás miré hacia atrás. no entiendo a
        los que no pueden vivir sin tí y tu

without you and your kind. those
who take their pills with beer.
those who sit tranquil with a
pitcher of margaritas while their
blood burns.

for five years four months three days, i
have made the same choice. and
when i go to parties, i sip my topo
chico with lime, holding the bottle
by the neck, so i don't have to
explain again that i'm diabetic. or
listen again to all the people who
say, "but you can still drink—my
uncle, my mother, my cousin, my
friend, I—still drink
beer/wine/have a drink/take
shots and they're/I'm just fine."

i knew a young co-worker, diabetic at
twenty-one, who couldn't resist
her friends' calls for happy hours
and friday nights and saturday
nights and weekend games and
new year's eves.

she lived in and out of the hospital. i saw
her on new year's eve. she spent
the next six weeks fighting for her
life, for her kidneys,
because she wanted to celebrate
the new year like everyone else.

calaña. los que toman sus pastillas
con cerveza. los que se sientan
tranquilamente con una jarra de
margaritas mientras su sangre arde.

por cinco años cuatro meses tres días he
tomado la misma decisión. y cuando
voy a fiestas, bebo mi topo chico con
limón, cogiendo la botella del cuello,
para no tener que explicar otra vez
que soy diabética. o escuchar   otra
vez a los que dicen, "pero aún puedes
        beber—mi tío, mi madre, mi primo,
mi   amigo, yo—aun puedo beber
cerveza/vino/tomarme unos tragos y
ellos/yo estoy bien."

conocí a una compañera del trabajo joven,
diabética a los veintiuno quien no
podía resistir las invitaciones de sus
amistades a happy hour y noches de
viernes y sábado y vísperas de año
nuevo.

ella vivía entrando y saliendo del hospital. la
vi en la víspera de año nuevo. pasó
las siguientes seis semanas luchando
por su vida, su hígado porque quería
celebrar el año nuevo como los
demás.

more than a decade ago i had a friend
    with type one diabetes who'd
    spent three weeks in a coma and
    woke suicidal. years passed. she
    liked to make margaritas by the
    pitcher. her two-year-old daughter
    knew how to dial 911.

another co-worker, years later, much
    younger and much thinner than
    me, wouldn't leave behind her
    drinking. it didn't take long. her
    hair started wisping away. she
    kept asking me "what am i doing
    wrong?" but she never listened.

never again, i said. i thank you, tequilita,
    for keeping your distance.
    whatever it may be that takes me, i
    know it won't be you.

hace más de una década tenia un amiga con
        la diabetes tipo 1 quien pasó tres
        semanas en comay despertó suicida.
        pasaron años. le gustaba preparar
        jarras de margaritas. su hija de dos
        años sabía como marcar el 911.

otra compañera, años después, más joven y
        delgada que yo, no dejaba de beber.
        no tomó mucho tiempo. su cabello se
        empezó a caer. No dejaba de
        preguntarme "¿qué estoy haciendo
        mal?" pero jamás escuchaba.

nunca más, dije. gracias, tequilita, por
        mantener tu distancia. sea lo que sea
        que me lleve, sé que no serás tú.

neuropathy: poems of 4 words or less

my heart
breaks

      i remember you
         dancing
            so much grace

you were so
strong

       we'd wander entire
         days

it began slowly

       it would get
         better

the dr said

              it would get
               better

your walk now
hesitant

the numbness spreading
          and sudden shooting pains

     torturous steps
       painfully balanced
           now i go alone

       all the time

you say it's spreading
      you tell me

      your body's
      growing quiet

neuropatía: poemas de 4 palabras o menos

mi corazón
se rompe
      te recuerdo
         bailando
            con tanta gracia
eras tan
fuerte
         vagábamos días
        enteros
                      empezó lentamente
         mejorara
dijo el doctor
                    mejorará

ahora caminas
titubeante

el adormecimiento se extiende
                 dolores súbitos y punzantes
        pasos tortuosos
           dolorosamente equilibrados
                 ahora voy sola
             todo el tiempo
tú dices que se esparce
            tú me dices
        que tu cuerpo
        se está quedando quieto

i listen
am witness

but i don't know

how it feels

not to feel

                yo escucho
                soy testiga

pero yo no sé

                cómo se siente

                no sentir

lullaby

for my nieces and nephews

how do i tell you this gently how do i tell you this so that you hear it
like a lullaby it is a warning but i do not want to frighten you i do not
want to plant a seed of fear

how do i tell you i want to offer these words the way i would have
wanted to hear them given a choice i would have liked to hear them
until i understood until i believed

but like everyone else i never believed it would happen to me i thought
i had taken enough steps to protect myself i thought the odds were on
my side i thought i thought

but i didn't know as your parents do not know as your teachers do not
know as you do not know as your parents do not want to believe as
no one wants to believe

they will say you are too young to understand these things and you will
believe in the invincibility of your young bodies you do not really believe
you will age and grow old

even less would you believe someone telling you that with this family
history you are extremely at risk for cancer, heart disease, and yes,
diabetes and all its complications

it's not my imagination already you betray symptoms i do not want this
for you there are lessons i don't ever want to teach you advice i don't
ever want to give you

it does not matter that i changed your diapers and bought you toys and
read you stories it does not matter that i was absurdly health absurdly
strong until suddenly i wasn't

canción de cuna

para mis sobrinas y sobrinos

cómo decirles esto con gentileza cómo decirles esto para que lo escuchen
como un canto de cuna es una advertencia pero no quiero asustarlos no
quiero plantar la semilla del temor

cómo decirles que quiero ofrecerles estas palabras de la manera que me
hubiera gustado oírlas si me hubieran dado a escoger me hubiera gustado
oírlas hasta entender hasta creer

pero como todos nunca creí que me sucedería pensé que había tomado
los pasos necesarios para protegerme pensé que las probabilidades
estuvieran a mi favor pensé pensé

pero no sabía como sus padres no lo saben como sus maestros no lo saben
como ustedes no lo saben como tus padres no quieren creerlo como nadie
quiere creerlo

dirán que son muy jóvenes para comprender estas cosas y creerán en la
invencibilidad de sus jóvenes cuerpos ustedes realmente no creen que
crecerán y envejecerán

le creerán aún menos a alguien diciéndoles que con este antecedente
familiar estánsumamente en riesgo para la diabetes y todo lo que con
ello se avecina

no es mi imaginación ya muestran síntomas no quiero ésto para ustedes
hay lecciones que jamás quiero enseñarles consejos que no quiero darles

no importa que yo cambié sus pañales y les compré juguetes y les leí
cuentos no importa que caminé por ese camino absurdamente fuerte hasta
que de repente ya no lo fui

listen, learn everything you can choose always to live your lives with love
there are no addictions worth the price of your dreams protect your bodies
make them into fortresses

how do i tell you this gently how do i tell you this so that you hear it
like a lullaby do not be afraid but make yourself strong be strong be
strong and wake up wake up

                                                   wake up

aprendan todo lo que puedan opten por vivir sus vidas con amor no
existen adicciones que valgan el precio de sus sueños protejan sus cuerpos
hagan de ellos fortalezas

cómo decirles esto con gentileza cómo decirles esto para que lo escuchen
como un canto de cuna no tengan miedo pero háganse fuertes sean fuertes
sean fuertes y despierten

despierten

soledad

(written with Moisés S. L. Lara)

whispering when he sings whispering we are the last memories before waking whispering when he sings when he sings no mourning did not come no we keep forgetting we will not remember there were ghosts here before death came there will be ghosts here after the living leave know that mourning did not come no no remembering no forgetting

silence came in the dark and stood in the morning light silence held the broken sounds silence shifted in its chair and silence made the beds silence ran outside embraced all the dead trees silence turned off the lights and told the walls to fall silence left and left the gate door open inviting in solitude there is no place where solitude has not entered

he woke so many times in the night never calling for anyone but with stories spilling out of him memories bruised from handling and memories never touched perfectly preserved and dangerous they left splinters they left glass they left spines they imploded and ate parts of his soul he woke so many times in the night and woke me so i could listen

there are words born of silence words born of violence others have always entrusted to me even before i knew what loss was they lived like blooms within and every new story is like rainfall fear of death fear of alone fear of being abandoned fear of pain others bring me their stories i could only bear them because i had song songs to make me strong

whispering when he sings whispering i always wanted to hear his voice singing he never understood what medicine it was never wondered what invites in the song what is the darkness descending inside and out how do you climb the song towards the light life sings life sings we keep forgetting we will not remember only the song remembers

soledad

(escrito con Moisés S. L. Lara)

susurrando cuando él canta susurrando somos los últimos recuerdos antes de despertar susurrando cuando él canta cuando él canta no hay duelo no llegó seguimos olvidando no vamos a recordar que hubo fantasmas aquí antes de que llegara la muerte habrá fantasmas aquí después de que los vivos se vayan que el duelo no llegó no no recordar no olvidar

el silencio llegó en la oscuridad y permaneció en la luz de la mañana el silencio mantuvo los sonidos rotos el silencio se movió en su silla y el silencio hizo las camas el silencio salió corriendo abrazó todos los árboles muertos el silencio apagó las luces y le dijo a las paredes que cayeran el silencio se fue y dejó la reja abierta invitando a la soledad no hay ningún lugar donde la soledad no haya entrado

se despertó tantas veces en la noche nunca llamando a nadie pero con historias desbordándose de él recuerdos lacerados por maltrato y recuerdos jamás tocados perfectamente preservados y peligrosos dejaron vidrios dejaron espinas implosionaron y se comieron partes de su alma se despertó tantas veces en la noche y me despertó para que yo pudiera escuchar

hay palabras nacidas del silencio palabras nacidas de la violencia palabras que otros me han confiado incluso antes de que supiera lo que era la pérdida vivían dentro como flores y cada historia nueva es como la lluvia miedo a la muerte miedo a soledad miedo a ser abandonado miedo al dolor que otros me traen sus historias sólo puedo soportarlas porque tenía canto canciones para hacerme fuerte

susurrando cuando él canta susurrando siempre quise escuchar su voz cantando jamás entendió la medicina que era nunca se preguntó qué sera lo que invita la canción qué es la oscuridad descendiendo dentro y fuera cómo trepas la canción hacia la luz la vida canta la vida canta seguimos olvidando no vamos a recordar sólo la canción recuerda

silence came in the dark and stood in the morning light silence held the broken sounds shadows don't sing shadows eat the silence and let it out again silence ran outside where there are no more gardens and the earth beckons with its stillness no rivers here silence left and left the gate door open there is no place where solitude has not been

el silencio llegó en la oscuridad y permaneció en la luz de la mañana el
silencio mantuvo los sonidos rotos las sombras no cantan las sombras
se comen el silencio y lo dejan salir el silencio salió corriendo donde ya
no hay más jardines y la tierra llama con su quietud no hay ríos aquí el
silencio se fue y dejó la reja abierta no hay ningún lugar donde la soledad
no haya estado

iv.
i even speak light till the light subsides
hablo luz hasta que la luz se desvanece

blood·sugar·*canto*

this is what they will not tell you
and this is what you must know
if you hear nothing else i say
hear this
you cannot live in fear
you cannot heal in fear
fear will never make you stronger

fear is the language many doctors speak
they'll say this is going to kill you
your organs are being bathed in acid
amputation dialysis coma death

and when the body does not obey
as the doctor demands
more pills
more insulin
more syringes
more often

and it will wear on you
the constant battle of
necessity versus necessity

a box of syringes
vs
gas money

the price of sufficient insulin
against
the cost of groceries

sangre·azúcar·canto

esto es lo que no te dirán
y esto es lo que debes saber
si no escuchas nada más de lo que digo
escucha
no puedes vivir con miedo
no puedes sanarte con miedo
el miedo jamás te hará más fuerte

miedo es el lenguaje que muchos médicos hablan
dirán que esto te va a matar
tus órganos están siendo bañados en ácido
amputación diálisis coma muerte

y cuando el cuerpo no obedece
como el médico lo ordena
mas pastillas
más insulina
más jeringas
más seguido

y te desgastará
la batalla constante de
necesidad vs necesidad

una caja de jeringas
vs
dinero para gas

el precio de suficiente insulina
contra
el costo de los alimentos

testing strips and lancets
vs
the light bill

the cost of one healthy meal
vs
the cost of three fast food meals

another co-pay
and another co-pay
vs
the cost of not seeing the doctor

they will say there are no choices
but there are always choices
though the choices
we make out of fear
are not choices

fear is a prison
fear is worse
than the disease
fear
takes
everything

some will say this is war
war raging within us
blood turned against itself
our bodies falling in battle
the enemy everywhere
within and without

but the word war
turns us against ourselves
and the word disease

tiras de ensayo y lancetas
vs
la factura de luz

el costo de una comida saludable
vs
el costo de tres comidas rápidas

otro copago
y otro copago
vs
el costo de no ver al médico

ellos dirán que no hay opciones
pero siempre hay opciones
aunque las decisiones
que tomamos por miedo
no son decisiones

el miedo es una prisión
el miedo es peor que
la enfermedad
el miedo
se lo lleva
todo

habrá quienes digan que esto es guerra
una guerra ardiéndonos por dentro
sangre vuelta contra sí misma
nuestros cuerpos cayendo en batalla
el enemigo en todas partes
por fuera y por dentro

pero la palabra guerra
nos vuelve contra nosotros mismos
y la palabra enfermedad

renders us victims
and the war is unending
and a war always claims
casualties

in a war
there is no room
for dreaming oneself well
and the first part of the dream
is learning to listen
to your body and to your blood

it is not as simple
as
eat this not that eat that not this
take this not that take that not this
do this not that do that not this

you learn to listen
until you are the one writing the song
and the daily challenges
are the discordant notes
you must work into the score
making something more beautiful
than what there was before
not planned not wanted
but more powerful
because it is truth

but the music
will not come
if you are afraid
music like most things in life
enters in only one of two ways
el amor o el dolor
through love or through pain

nos hace víctimas
y la guerra no tiene fin
y una guerra siempre demanda bajas

en una guerra
no hay lugar
para soñarse bien a uno mismo
y la primera parte del sueño
es aprender a escuchar
a tu cuerpo y a tu sangre

no es tan simple
como
come esto no eso come eso no esto
toma esto no eso toma eso no esto
haz esto no eso haz eso no esto

aprendes a escuchar
hasta que eres tú escribiendo la canción
y los desafíos cotidianos
son las notas discordantes
que debes incorporar en la partitura
haciendo algo más hermoso
que lo que había antes
no planeado no deseado
pero más poderoso
porque es la verdad

pero la música
no vendrá
si tienes miedo
la música como otras cosas en la vida
entra de sólo una de dos maneras
a través del amor o del dolor

i know
no one said
we were worthy of love
no one said
we were precious
or that our lives were gifts
no one said
let us learn to love ourselves
heal ourselves
care for ourselves
care for each other
teach each other
how to begin
with this essential task
of
loving ourselves

i will begin here
with these words
learning love
one utterance at a time

i will not
live
in fear

i will make song

sé
que nadie dijo
que éramos dignos de amor
nadie dijo
que éramos valiosos
o que nuestras vidas eran regalos
nadie dijo
que aprendamos a amarnos
a nosotros mismos
a sanarnos
a cuidarnos
cuidarnos los unos a los otros
a enseñarnos los unos a los otros
cómo empezar
con esta tarea especial
de amarnos
a nosotros mismos

empezaré aquí
con estas palabras
aprender el amor
una frase a la vez

no
viviré
con miedo

haré canto

the diabetic lover

it's not recommended,   my love
        that i   cover your body   with whip crème
            and chocolate syrup
                maraschino cherries
                    for aesthetic emphasis

i could not dust you
                with enough whey protein
            to make up for all
                    those empty carbohydrates

    i cannot tongue red wine
from your body
            or drink shots
                out of your navel
        since that
            would make me
            quite literally
            sick

but the thought of
    grilled chicken breast
    and veggies with half
        a cup of brown rice
        served on your skin
            does not seem
            conducive to
                a night of passion

            no   for sweetness
                    all i'd need would be

la amante diabética

no es recomendable,   mi amor
que cubra   tu cuerpo   con crema batida
        y jarabe de chocolate
            cerezas marrasquino
                para énfasis estético

no podría espolvorearte
                con suficiente proteína de suero
            para compensar todos
                    esos carbohidratos vacíos

    no puedo lengüetear vino tinto
de tu cuerpo
            o beber tragos de tequila
                de tu ombligo
        ya que eso
        me enfermaría

pero la idea de
        una pechuga de pollo a la parrilla
        con verduras y media taza
            de arroz integral
            servida sobre tu piel
                no parece propicio
                para una noche de pasión

        no   para dulzura
                lo único que necesitaría serían

twenty five granules of
    turbinado raw cane sugar
        oh so carefully counted

one   on your left temple
    that's where i'd begin
  dark sweetness
    exploding against my tongue
  dark sweetness
    in the scent of your hair

        three on your tongue
      while i pulled on your
  lower lip with my teeth

one along your jaw
    one down your neck and
      one on your clavicle
i see sunlight and lush
    green leaves playing
    over your skin
      two on one shoulder
    and three trailing down
      diagonally to your hip
       i meant to use only my
     lips mouth tongue
       but my hands can't
  resist following the
      waves of your body
    the ocean crashing
      in my ears

i'd take five
    in the palm of
my hand

      veinticinco gránulos de
          azúcar de caña cruda turbinada
              oh tan cuidadosamente contados

uno   en tu sien izquierda
      ahí es donde empezaría
    dulzura oscura
      estallando contra mi lengua
    dulzura oscura
      en el aroma de tu pelo

            tres en tu lengua
         mientras tiro de tu labio inferior
      con mis dientes

uno a lo largo de tu quijada
      uno a lo largo de tu cuello y
         uno en tu clavícula
veo la luz del sol y las exuberantes
      hojas verdes jugando
      sobre tu piel
           dos en un hombro
      y tres bajando en diagonal
        por tu cadera
          quise usar solamente
       mis labios boca lengua
         pero mis manos no
   resisten seguir
        las olas de tu cuerpo
      el océano estallando
         en mis oídos

tomaria cinco
      en la palma de
mi mano

and rasp them against
                the tips of your
         breasts
drink in your gasp
               then hunt for every bit
                     of sugar cane dust
                  while you sighed

            three down
                 your abdomen
      like far-flung
constellations

    my mouth
         on your belly
             always makes you
                  curl up
             i'd catch one foot
                 and then the other
         place a granule
                   on each arch

since raw cane sugar
           doesn't dissolve at
                   the first touch
             i'd roll one granule
                  up your calf
                     another from your
                        knee to your thigh
one from your
         thigh to your hip

and then i'd find
my twenty-five granules
gone

los rozaría
                    contra las puntas de tus
            senos
       beberme tu grito de asombro
                luego buscar cada trozo
                        de polvo de azúcar de caña
                        mientras suspiras

                tres hacia abajo
                    en tu abdomen
            como constelaciones
distantes

       mi boca
            en tu vientre
                    siempre te hace
                        acurrucarte
                atraparía un pie
                        y luego el otro
            pondría un gránulo
                        en cada arco

ya que la caña de azúcar cruda
            no se disuelve
                    al primer contacto
                enrollaría un gránulo
                        en tu pantorrilla
                        otro desde tu
                            rodilla hasta tu muslo
uno desde tu
            muslo hasta tu cadera

y luego encontraría
que mis veinticinco gránulos
han desaparecido

but no worries, my love
    i'd murmur against
        the apex of your thighs

            your sweetness
                always renders
any   more
                excessive
                    and
                unnecessary

pero no te preocupes, mi amor
    susurraría contra
        la cúspide de tus muslos

        tu dulzura
                siempre hace
    que cualquier cosa más sea
            excesiva
                    e

            ineccesaria

depression: an interrupted sestina

no one said the darkness only subsides
never disappearing   never dying
it is no ocean   it is no river
intermingling with my blood   it is my blood
my inheritance   my ancestral memory
my first word   my last   the words   in between

i eat   i sleep   i dream   i rage   between
fogs   i even speak light till the light subsides
a hundred songs to sing from memory
forgetting pain   forgetting all dying
i love   i give   i touch   i dance   my laughing blood
flowing in a bright burning river

but the next day   pours lies   pours filth   into the river
of my sleep   and there is a wall between
me and the world   the air tastes of blood
dust and rage   i don't remember what subsides
impossible to grasp   all the things that are dying
insisting insisting   abandon this memory

all lights
speak of stars
all stars
speak of living
but
all stars die

where
is
respite refuge rest
pain without end
hurting

depresión: una sextina interrumpida

nadie dijo que la oscuridad sólo disminuye
nunca desaparece   nunca muere
no es un océano   no es un río
se mezcla con mi sangre   es mi sangre
mi herencia   mi memoria ancestral
mi primera palabra   mi última   las palabras   intermedias

com   duermo   sueño   me enfurezco   entre
nieblas   hablo luz hasta que la luz se desvanece
cien canciones para cantar de memoria
olvidando el dolor   olvidando todo sobre morir
amo   entrego   toco   bail   mi sangre risueña
fluyendo en un río brillante y ardiente

pero el dia siguiente   vierte mentiras   vierte suciedad   en el río
de mi sueño   y hay un muro
entre yo y el mundo   y el aire sabe a sangre
polvo y rabia   no recuerdo qué disminuye
imposible comprender   todas las cosas que están muriendo
insistiendo insistiendo   abandona esta memoria

todas las luces
hablan de las estrellas
todas las estrellas
hablan de vivir
pero
todas las estrellas mueren

dónde
está
respiro   refugio   descanso
dolor sin fin
sufrimiento

outside myself
sinking
in through my skin

all stars
speak of silence
silence
sings the longest song
but all stars die

what is memory
to
this body
mothered
by
sadness

you don't know dying   you can't touch memory
listen to your whispering blood   find the river
breathe slowly in-between   wait till it subsides

fuera de mí misma
hundiéndose
en mi piel

odas las estrellas
hablan del silencio
el silencio
canta la canción más prolongada
pero todas las estrellas mueren

qué es memoria
para
este cuerpo
parido
por
la tristeza

no sabes del morir   no puedes tocar la memoria
escucha tu sangre susurrant   encuentra el río
respira despacio en medio   espera a que se disipe

shame: a ghazal in pieces

a body should have its wildness yes this body yes your body who are they to name your body my body a shame body shame my weight shame your weight shame how i look shame how you look shame my disease shame my story say we have made ourselves sick we keep ourselves sick what is the blame body would it be easier if my body did not exist if your body did not exist if all our diabetic bodies did not exist oh we will not blame my body blame our bodies when my body has only done everything it could to survive my body is a flame body alive with fire fire pulsing inside shouting live live live my story which is only triumphant because i am still here neither pain nor shame will erase me or silence me there are poems here too here in the places where all maps end your body has survived my body has survived i will not be ashamed of surviving

vergüenza: un gazal en pedazos

un cuerpo debería tener su salvajismo sí este cuerpo sí tu cuerpo quienes son ellos para nombrar tu cuerpo mi cuerpo de vergüenza vergüenza corporal mi peso vergüenza mi vergüenza corporal tu vergüenza corporal por cómo me veo vergüenza cómo te ves vergüenza mi enfermedad vergüenza mi historia decir que nos hemos enfermado a nosotros mismos nos mantenemos enfermos cuál es la culpa cuerpo sería más fácil si mi cuerpo no existiera si tu cuerpo no existiera si todos nuestros cuerpos diabéticos no existieran oh no culpemos a mi cuerpo no culpemos a nuestros cuerpos cuando mi cuerpo sólo ha hecho todo lo posible por sobrevivir mi cuerpo es un cuerpo de llama vivo con fuego fuego palpitando dentro gritando vive vive vive mi historia que es victoriosa porque sigo aquí ni el dolor ni la vergüenza podrán borrarme o silenciarme hay poemas aquí también en lugares donde todos los mapas terminan tu cuerpo ha sobrevivido mi cuerpo ha sobrevivido no me avergonzaré por haber sobrevivido

twosugars

.white.granulated.
soft sweet sand   crystal clouds   rasping on my skin   cold to
the touch   strange and hidden chemical scent   heavy
sweetness that won't stay   won't hold   it isn't real
remember being six   crying   a cherry lollipop in your mouth
       and making a hundred sugar cookies   bright lime
colored frosting   ama's oatmeal   the spoons of sugar melting
                     swirls of a woman's hair
blowing in the wind   fish with long feathery fins undulations
of sand dunes   and the drums   white ash   here bones here
desperation   and a word softer than pleasure   poco veneno
no mata   holly sugar   sugar beets my skin

                              doesn't want to eat this

                              .turbinado.raw.
dark and ripe woman-sweet sunlight swimming through green
leaves dark earth small intensities bursting   on the tongue
lingering cinnamon sand and the remnants of shells   the scent
lingers the taste lingers you can bite it
       we were walking in sugarcane fields   cutting the stalks
that first taste of green   sweet the tall green leaves swaying
in the wind   the blue sky   the birds swooping overhead
watching sticks being planted in the earth   one stick touching
the next stickvdelight   rain on the window   dancing ladies
volcanoes the sound of rattlesnakes   rendered a whisper
drums more drums   pounding away in your blood   dancing
feathers
                    this is all you need

dosazúcares

.blanca.granulada.
arena dulce y suave   nubes de cristal   raspando mi piel   fría
al tactoolor químico extraño y oculto   pesado dulzura que no
permanece   no aguanta   no es real   recuerdo tener seis
años   llorando   una paleta de cereza en la boca
              y haciendo cien galletas de azúcar   lima brillante
glaseado de colores   la avena de amá   las cucharas de azúcar
                              derritiéndose
remolinos del cabello de una mujer   soplando en el viento pez con
aletas largas y plumosas   ondulaciones de dunas de arena
y los tambores   ceniza blanca   aquí hueso   aquí desesperación
y una palabra más suave que el deseo   poco veneno no mata
azúcar de acebo   remolachas azucareras mi piel

                        no quiere comer esto

                        .turbinado.crudo.
mujer oscura y madura dulce luz del sol nadando a través de hojas verdes
tierra oscura pequeñas intensidades estallando en la lengua arena de canela
persistente y los restos de conchas
el aroma perdura   el sabor perdura   puedes
morderlo
              caminábamos por los campos de caña de azúcar
cortando los tallos   ese primer sabor de verde   dulce las altas hojas
verdes meciéndose en el viento   el cielo azul   los pájaros volando por
encima   observando palos siendo plantados en la tierra   un palo tocando
el siguiente palo
          dicha   lluvia en la ventana   mujeres bailando   volcanes el sonido
          de víboras de cascabel   convertidas en susurro   tambores más
          tambores   golpeando en tu sangre plumas danzantes
                        esto es todo lo
que necesitas

i call myself back

...every disease takes us in pieces in some way...cancer, ms, dementia, addiction, etc.
they all systematically rob us of ourselves. —Elizabeth Murphy

i call myself back from the pain from my horror
from my susto from all the moments i named
myself not normal sick diseased unable incapable
desperate despairing afraid crazed i call myself
back from nightmares from leg cramps from nausea
from forgetfulness from unconsciousness
and self-consciousness from waking fears from
loss from explanations i call myself back from the
nights i did not sleep from shed and unshed tears

i call us back from medication that hurts us as it
helps us from hospitals and pharmacies from
doctors and nurses from clinics and lab results
from blood draws and bandages from little books
with cramped numbers i call us back from
chemotherapy and radiation from dizziness from
neuropathy from side effects from exhaustion
i call us back from trembling limbs from more
prescriptions and more injections from everything
that removes us from natural medicine

but i will begin at the beginning reclamation
begins at every point i call myself back from
the child i was always alone afraid to be
abandoned unable to sleep i call myself back
from the child who was told she was ugly for
her dark skin and her round features i will

me autoreclamo

...cada enfermedad nos despedaza de alguna manera...cáncer, esclerosis múltiple,
demencia, adicción, etc. as ellas nos roban sistemáticamente
de nosotros mismos. —Elizabeth Murphy

me autoreclamo del dolor de mi horror de mi
susto de todos las veces que me llamé a mi misma
no normal enfermiza incapaz inútil desesperada
desalentada temerosa demente me autoreclamo
de pesadillas de calambres en las piernas de
náusea desmemoria de inconsciencia y auto-
conciencia de despertar de miedos a la pérdida de
explicaciones me autoreclamo de las noches que no
dormí de lágrimas derramadas y no derramadas

nos autoreclamo de medicamentos que nos hacen
daño mientras nos alivian de hospitales y farmacias
de doctores y enfermeras de clínicas y resultados
de laboratorio de extracciones de sangre y vendajes
de libros pequeños con números apretados nos
autoreclamo de quimioterapia y radiación de mareos
de neuroterapia de efectos secundarios por la fatiga
nos autoreclamo extremidades temblorosas de más
prescripciones y más inyecciones de todo lo que nos
aparta de la medicina natural

pero comenzaré con el principio reclamación
empieza en cada punto me autoreclamo de la
niña que fui siempre sola temerosa de ser abandonada
sin poder dormir me autoreclamo de la niña que le
llamaron fea por su piel oscura y sus rasgos

remember her as a child filled with the joy of
running child on a swing child on the roof
gazing at the sky and dreaming

i call us back from all our hurts here we all
are in our own pain our fear our shame our
guilt our anger i call us back from everything
that has taken us i call it all back our lands our
names our tongues our histories our stories
our gods our rivers our mountains our sacred places
our skies our stars i call us back from
everything that rendered us alien every time
we were told we did not belong every time we
were despised i call us back from poverty and
violence i take us back from malnutrition and
mis-education from war and from addiction i
call us back from silence and separation i call us back

we will not be robbed of ourselves not by
disease not by history not by the bureaucracies
of healthcare systems or governments not by
doctors who never listen not by a
socioeconomic order which prizes cultural
erasure not by drug companies who do not
believe our pockets are finite not by the
capitalist system that extracts our labor until it
abandons us like broken machinery we call
ourselves back we call ourselves back

we have walked through fire through burning
infernos we have wept we have suffered
we call ourselves back we have survived we

redondeados la recordaré como una niña
llena con la dicha de correr una niña en el columpio
en el techo contemplando el cielo y soñando

nos autoreclamo de todos nuestros pesares
aquí estamos todos en nuestro propio dolor nuestro
miedo nuestra vergüenza nuestra culpa nuestro coraje
nos reclamo de todo lo que nos han quitado lo reclamo todo
nuestras tierras nuestros nombres nuestras lenguas
nuestras historias nuestros dioses nuestras montañas
nuestros lugares sagrados nuestros cielos
nuestras estrellas nos autoreclamo de todo lo
que nos convirtió en extraños cada vez que nos
decían que no pertenecíamos cada vez que
éramos repudiados nos autoreclamo de la pobreza
y la violencia nos autoreclamo de la malnutrición
y la deseducación de la guerra y la adicción
nos autoreclamo del silencio y la separación nos autoreclamo

no nos robarán a nosotros mismos ni las enfermedades
ni las historias ni las burocracias de los sistemas de
salud o del gobierno ni por doctores que nunca escuchan
ni por orden socioeconómica que valora la eliminación
cultural ni por las compañías farmacéuticas
que no creen que nuestros bolsillos son finitos
ni por el sistema capitalista que extrae nuestra labor
hasta abandonarnos como maquinaria
rota nos autoreclamamos nos autoreclamamos

hemos caminado por el fuego a través de infiernos
ardientes hemos llorado hemos sufrido nos reclamamos
hemos sobrevivido nos hemos hecho más fuertes

have become stronger we call ourselves back
we have not lost any part of ourselves we are
not diminished we call ourselves back
we are whole.

nos autoreclamamos no hemos perdido ninguna
parte de nosotros mismos no estamos
disminuidos nos autoreclamamos
somos completos

v.

let my last breath be song
deja que mi último respiro sea canto

the world is medicine

let it in
the sunshine the rain the wind the lightning
                eat the raw
                eat the stones and eat the marrow
                   eat the warmth on your skin
              and the words the sun is writing
        eat the scent of the earth after rain
        eat the storm the thunder rumbling inside

this is how you grow strong
be the roar be the keening
    be the screaming be the running
    be louder
        be the wind be the trees growing tall
        be the word be the day be the knife
be the hot rush of blood
be the clouds
          be the electric spill of blooming
          flowers in the desert
begin
and end with water
      never forget
      the ocean lives inside us
         the rivers take us
         where our ancestors
     walked
  our bodies still ebb and flow
  with the tides
        there is no joy like the joy of the body
        suspended in water weightless and fierce

el mundo es medicina

déjalo entrar
el sol la lluvia el viento el relámpago
                  come lo crudo
                  come las piedras y come la médula
                    come la tibieza sobre tu piel
                        y las palabras que el sol está escribiendo
          come el aroma de la tierra después de la lluvia
          come la tormenta el trueno retumbando por dentro

así es como te fortaleces
sé el rugir sé el lamento
      sé el grito sé la carrera
      sé más ruidoso
              sé el viento sé los árboles creciendo altos
              sé la palabra sé el día sé el cuchillo
sé la oleada ardiente de sangre
sé las nubes
                  sé el derrame eléctrico de flores
                  floreciendo en el desierto
empieza
y termina con agua
          nunca olvides
          que el océano vive
          dentro de nosotros
                    los ríos nos llevan
                    hacia donde nuestros
                    ancestros caminaron
       nuestros cuerpos todavía suben y bajan
       con las mareas
                  no hay dicha como la dicha del cuerpo
                  suspendido en el agua ligero y feroz

water is life
drink it in

        touch the world eat the world be the world
        the world is medicine

            let
            it in

el agua es vida
bébela

      toca el mundo cómete el mundo sé el mundo
      el mundo es medicina

        déjalo
        entrar

when wind blows through them

i. world

i see them sometimes
sometimes
i hear them
all the birds inside you
a thousand feathered shades
of every color
fluttering inside you
and all the
cooing whistling warbling
singing humming hooting
chirping cawing calling
they were drawn
to the haven
inside you
where nature itself
takes refuge
daily you cultivate
an entire interior world
and all the leaves and blossoms
of the world have come
to you
before they disappear
from the outside world
poor and polluted
and here you nurse them
bless them cleanse them

cuando el viento sopla

i. mundo

a veces los veo
a veces
los escucho
todas las aves dentro de ti
un millar de tonos emplumados
de cada color
revoloteando dentro de ti
y todos los
arrullos silbidos trinos
cantando zumbando ululando
tuiteando graznando llamando
fueron traídos
al refugio
dentro de ti
donde la propia
naturaleza
se refugia
diariamente cultivas
un mundo interior entero
y todas las hojas y flores
del mundo han venido
a ti
antes de que desaparezcan
del mundo exterior
pobres y contaminadas
y aquí las cuidas
las bendices las limpias
encuentras sol y sombra

find them sun and shade
a place in your fertile
soil
waterfalls inside you
and at dawn
the sky is pink

ii. spider

i lost my breath
when i heard her say
the spider is my mother
i thought
she must know
lovepainmemory's
dimensions
know them
without words
in silence
know them
with her hands
spanning
the distance between ear
and the tip of her nose
she shares
our language

in your name
i would erect massive
monuments
of wrung glass
glass the color of sky
one massive breath
of your creating

un lugar en tu tierra
fértil
cascadas dentro de ti
y al amanecer
el cielo es rosa

ii. araña

perdí mi aliento
cuando la escuché decir
la araña es mi madre
pensé
ella debía conocer
las dimensiones de
amordolormemoria
conocer
sin palabras
en silencio
conocerlas
con sus manos
abarcando
la distancia entre oreja
y la punta de su nariz
ella comparte
nuestro idioma

en tu nombre
yo erigiría enormes
monumentos
de vidrio estriado
vidrio de color cielo
un enorme respiro
de tu creación

thunder lightning wind and rain
in your infinite embrace

iii. refuge

you are silence
and the thrumming
of a thousand hearts
you are what
i have learned of
forgiving
healing
evolving
remembering

you are stronger
than i will ever be
wringing beauty
and creation
out of pain and loneliness

tenderness for
green life and small creatures
pouring from your scarred hands

forgiving hurt
and the memory of hurt

the world sings in you
skyspider
brotherspider

truenos relámpagos viento y lluvia
en tu abrazo infinito

iii. refugio

eres silencio
y el zumbido
de mil corazones
tú eres lo que
he aprendido de
perdonar
sanar
evolucionar
recordar

eres más fuerte
de lo que yo jamás seré
exprimiendo belleza
y creación
del dolor y la soledad

ternura por
la vida verde y pequeñas criaturas
vertiéndose de tus manos cicatrizadas

perdonando el dolor
y la memoria del dolor

el mundo canta en ti
arañadecielo
hermanoaraña

and
like
a
hummingbird
i
take refuge
in you

y
como
un
colibrí
yo
me refugio
en ti

love song for my organs

this is a song i didn't know
needed singing needed singing

a song for each morning
a song for each night

offered with awareness
offered with gratitude

decades have passed i did not
know your colors your shapes

the work you do have done
or what you needed from me

now i know this song needs singing
i will sing it everywhere i go

i name you now breathe softly
upon you hold you tenderly within

kidneys

you are not forgotten never
you are cherished and i am grateful

i bring you rainwater and riverwater
i bring you flowers tiny blue flowers

i bring you these my two hands filled
with sun light with starlight

i sing you strong sing you whole
and thank you for filtering my blood

canción de amor para mis órganos

esta es una canción que no sabía
necesitaba cantarse necesitaba cantarse

una canción para cada mañana
una canción para cada noche

ofrecida con conciencia
ofrecida con gratitud

han pasado décadas no
conocía tus colores tus formas

el trabajo que haces has hecho
o qué necesitabas de mí

ahora sé que esta canción necesita ser cantada
la cantaré a donde quiera que vaya

te nombro ahora respiro suavemente
sobre ti te abrazo con ternura

riñones

no son olvidados nunca
son apreciados y yo estoy agradecida

les traigo agua de lluvia y agua de río
les traigo flores pequeñas flores azules

les traigo esto mis dos manos llenas
con luz de sol con luz de estrellas

los canto fuertes los canto enteros
con gracias por filtrar mi sangre

heart

be strong little heart as strong as you
have ever been you are my life

when i am still i hear your beating
feel it in my chest hold you close

in a dance that will not pause while
we are living i envision the flow of blood

flowing to you flowing from you moving easily
moving swiftly through wide open blood vessels

pancreas

you have been sleeping little warrior
it is time to wake time to speak again

i will bring you morning serenades
cascading flower petals and trilling birdsong

you fought the rising glucose hordes fought
until you were spent until you could not go on

years now i have lived on foreign insulin
always approximate subject to wild swings

of not enough too much almost in time
i long for your fine tuned calibration

i see you rising i hear you murmuring
words spoken at dawn i greet you

corazón

sé fuerte pequeño corazón tan fuerte
como jamás has sido tú eres mi vida

cuando estoy quieta escucho tu latido
lo siento en mi pecho te estrecho cerca

en un baile que no se detendrá mientras
vivimos imagino el flujo de sangre

fluyendo hacia ti fluyendo de ti moviéndose
con facilidad rápidamente a través de vasos
sanguíneos completamente abiertos

páncreas

has estado durmiendo pequeño guerrero
es tiempo de despertar tiempo de hablar otra vez

te traeré serenatas matutinas
pétalos de flores en cascada y el trino de aves

luchaste con las hordas de glucosa en aumento
hasta agotarte hasta no poder continuar

años ya he vivido con insulina extranjera
siempre aproximada sujeta a oscilaciones salvajes

de no suficiente demasiado casi a tiempo
anhelo tu afinada calibración

te veo surgir te oigo murmurar
palabras dichas al amanecer te saludo

liver

lean i dream you lean see you lean and dark
brow furrowed ferociously inspired sculptor

ferociously creating ferociously shaping each
work of art as if it were the first time the only time

as if you were recreating the ocean the stars every minute
you are not a factory not an assembly line

i bring you milk thistle i bring you flax seed in thanks
you are re-creating my life your art is my life

nerves

you tell me stories without you there are no stories
without them i would know nothing understand nothing

of the world within or the world without
you are the carriers of lightning of moonlight

you tell me i am alive you tell me i am safe
because of you the exquisite the tender of my life

and also the pain and also the hurt the sharp the ache
but tell me stories i will always be listening

skin

hot breath tender touch running bare-fleshed in the rain
the warmth of the sun the chill of winter days the wind

my boundaries my beginnings my endings my whole
life the whole world written on my skin my skin sings

hígado

delgado te sueño delgado te veo delgado y oscuro
ceño fruncido ferozmente escultor inspirado

ferozmente creando ferozmente dando forma a cada
obra de arte como si fuera la primera vez la única vez

como si estuvieras recreando el océano las estrellas a cada minuto
no eres una fábrica no eres una línea de ensamblaje

te traigo cardo mariano te traigo semillas de lino en
agradecimiento tu estas recreando mi vida tu arte es mi vida

nervios

me cuentan historias sin ustedes no hay historias
sin ellos no sabría nada no entendería nada

del mundo interior o del mundo exterior
son mensajeros del relámpago de luz lunar

me dices que estoy viva me dices que estoy segura
gracias a ti lo exquisito lo tierno de mi vida

y también el dolor y también la herida lo agudo la punzada
pero dime historias siempre estaré escuchando

piel

aliento caliente toque tierno corriendo piel desnuda en la lluvia
lo tibio del sol lo frío de días de invierno el viento

mis límites mis inicios mis finales toda mi vida
todo el mundo escrito en mi piel mi piel canta

i will bring you gifts in thanks jojoba aloe avocado sweet
almond oil cocoa butter calendula shea butter and lanolin

eyes

for me everything begins with you I could spend days staring
at the sky day or night or morning or fog or thunderstorm

so much sweetness in looking at green leaves bright colors
loved faces blossoms rivers rainfall sunshine long roads

in my memories everything begins with what you've given me
i remember my life in a million images you brought me

and all the words of my life all the books of my life
for all the flames and the moonlight all my gratitude

gratitude

kidneys….heart….pancreas….nerves
liver….skin….eyes….all my body

please forgive any harm
i have caused you

thank you for this day for
every day you have given me

now i know this song needs singing
i will sing it everywhere i go

i name you now breathe softly
upon you hold you tenderly within

te traere regalos en agradecimiento jojoba sábila aguacate aceite dulce
de almendra manteca de cacao caléndula manteca de karité y lanolina

ojos

para mí todo empieza con ustedes podría pasar días contemplando
el cielo día y noche o mañana o niebla o tormenta

tanta dulzura en ver hojas verdes colores brillantes
rostros amados flores ríos lluvia sol caminos largos

en mis recuerdos todo empieza con lo que me has dado
recuerdo mi vida en un millón de imágenes que me trajiste

y todas las palabras de mi vida todos los libros de mi vida
por todas las llamas y la luz de la luna toda mi gratitud

gratitud

riñones....corazón....páncreas,...nervios
hígado....piel....ojos....todo mi cuerpo

por favor perdonen cualquier daño
que les causé

gracias por este día por
cada día que me han dado

ahora sé que esta canción necesita cantarse
la cantaré en todas partes a donde yo vaya

te nombro ahora respiro suavemente
sobre ti te sostengo dentro tiernamente

dreaming in blossom

so many times i saw you bend down to smell a flower your eyes closed
your forehead smooth your body suspended in
                                        anticipation
at first the first years you lived with me
                                        i'd always laugh in delight seeing
you this way like an ecstatic ruby throated hummingbird
                                        i always loved taking
you to gardens to plant nurseries loved to see you with books on
flowers reading about flowers
                        telling me about flowers because of you i learned
their names
                stargazer lilies and cyclamens and ixora hyacinths hydrangeas
irises birds of paradise peonies calla lilies
                        how many times did i ask you
their names and you were always patient
                                        marigolds petunias daisies African
violets begonias lantana azaleas poppies Carolina Jessamine wisteria
                                you named
them every time we drove past them like incantations like poetry
                                        you never tired of hearing
a poetry that fed your soul it fed mine too
                                        paintbrush nightshade rain lilies yucca
pink primrose mountain laurel winecups
                        decades with you were not enough
i miss you every day wish i could speak to you every day
                                        forgive me i'd want to say
forgive me for never bringing you enough flowers
                                        forgive me for the time it took
me to find us a house and build you a sunroom
                                forgive me for all the times i didn't listen
                                forgive me for all the times i hurt you

soñando en flor

cuantas veces te vi inclinarte para oler una flor tus ojos cerrados
tu frente lisa tu cuerpo suspendido en
                              anticipación
al principio los primeros años que viviste conmigo
                              siempre me reía de placer al verte
así como un estático colibrí de garganta roja
                              siempre me encantaba llevarte
a los jardines a los viveros de plantas me encantaba verte con libros sobre
flores leyendo sobre flores
              contándome sobre flores gracias a ti aprendí
sus nombres
              lirios miraestrellas y ciclámenes e ixora jacintos hortensias
iris aves del paraíso lirios de cala
                              cuántas veces te pregunté
sus nombres y tú siempre me tenías paciencia
              caléndulas petunias margaritas violetas africanas begonias
lantana azaleas amapolas jasmin de Carolina Jessamine glicinialas
                              nombrabas
cada vez que pasábamos cerca de ellas como un hechizo como poesía
                              que jamás te cansabas de escuchar
una poesía que alimentaba tu alma también alimentaba la mía
              pincel solanácea belladona lirios de lluvia yuca
prímula rosa laurel montañés flores en forma de copa de vino tinto
              décadas contigo no fueron suficientes
te extraño cada día quisiera poder hablar contigo todos los días
                              perdóname me gustaría decir
perdóname por nunca traerte suficientes flores
                              perdóname por el tiempo que me llevó
encontrarnos una casa y construir un invernadero
                              perdóname por todas las veces que no escuché
                              perdóname por todas las veces que te lastimé

and i'd want to ask you
            did you know you were the blossom of my life
                                the sweetness of my life
so fierce and truthful you were so brilliant
                    to talk with you was to touch iridescence
thank you i'd want to say i never said it enough thank you thank you
thank you
you made me stronger than i was you still make me stronger than i am
                        you taught me
the language of orchids of epiphytes phalaenopsis cattleya vanilla
epidendrum dendrobium
        and the patience of flower spikes their careful buds and their
long-lived leaves
            i speak to you all the time waking and sleeping
                                    i think of you
every time i see a flower blooming any of a thousand colors
                            you speak to me in blossoms
                            you speak to me in sunshine
i am never alone you are with me always
                        infinite and leafing
                blossoming

y me gustaría preguntarte
        si supiste que fuiste la flor de mi vida
                la dulzura de mi vida
tan feroz y veraz fuiste tan brillante
            hablar contigo era tocar la iridiscencia
gracias quisiera decir nunca lo dije lo suficiente gracias gracias gracias
tú me hiciste más fuerte de lo que yo era todavía me haces más fuerte de lo
que soy
                me enseñaste
el lenguaje de las orquídeas de epífitas phalaenopsis cattleya vainilla
epidendrum
dendrobium
        y la paciencia de los espigones florales sus capullos
cuidadosos y sus hojas
longevas
        hablo contigo todo el tiempo caminando y durmiendo
                  pienso en ti
cada vez que veo una flor brotando cualquiera entre las miles de colores
                me hablas en flor
                me hablas en luz de sol
nunca estoy sola tú siempre estás conmigo
          infinito y frondoso
             floreciendo

neuropathy #2

in the   sun   shining bright warmth
    he says
                light, it is us

huisache seedlings   gently touched   caressed   verdant whisperings
    can he feel them?
    he says   without being asked   without question
the sunlight within   hears heartbeats   he feels intention   growth
breath
their scent
        he says
                remind him of newborns
                                to him, to me
                                        they are his children

held   he holds me   embraced   with his arms entirely
            such long arms, big hands
                            holds me so close   i can barely hear him
                                                breathing
                        he pats me   calls me puppy we laugh because
i can't see his face   i can't   see his face
                                    but he makes me laugh
                                        but he is trying
                                            not to cry

in his gaze   with out   side   without
    his knowing
                a single tear
                        falls
                    from his eye, slowly
        the wind has been constant   the wind in his gaze
                        a wind   that winds   and springs   that coils
that preens

neuropatía #2

bajo el   sol   brillando con cálida intensidad
     él dice
        luz, somos nosotros

plántulas de huisache   suavemente tocadas   acariciadas verdes susurros
   los puede sentir?
dice   sin que se lo pidan   sin cuestionar
la luz solar interior   escucha latidos   siente intención
crecimiento   aliento
su aroma
     él dice
       le recuerda a recién nacidos
            para él, para mí
               ellos son sus hijos

sostenidos   me sostiene   abrazada   con sus brazos por entero
     qué brazos tan largos, manos grandes
me sostiene tan cerca   que casi no puedo oírlo respirar
me da palmaditas   me llama cachorro
nos reímos   porque
no puedo ver su cara   no puedo   ver su cara
          pero me hace reír
           pero está intentando no llorar
en su mirada   hacia fuera   sin que
él lo sepa
una sola lágrima
resbala
lentamente de su ojo
el viento ha sido constante   el viento en su mirada
un viento   que se enrosca   y brota   que se
enrolla y se acicala

he says
        is the wind blowing?
                        yes,

                            i

                            say

él pregunta
        ¿está soplando el viento?
                        sí,

                        digo
                        yo

there will be singing in the morning

and singing in the night singing in the days
of want and singing in the days of plenty
singing alone and singing with ghosts
singing old songs and singing new songs we
will remember songs we haven't heard yet
songs that haven't been dreamt yet songs no
one has found the words for songs sung on
the road and songs sung in bed songs sung
while weeping and songs sung while waiting
songs for breath and sun and light and
moon and earth and water songs for
sustenance we will sing impossible songs
indecipherable songs songs that cannot be
heard and songs that cannot be shared
we will sing songs without words silent songs
and screaming songs songs that tremble and
songs we can embrace
                song and i live in
each other's skins song and i breathe each
other's breath take refuge in each other
passing silver fire light between each other's
lips hot and cold at once naming and un-
naming freeing ourselves taking wing song
and i spiraling in the sky i would like to die
singing let there be song in my throat
spilling out let my last breath be song

habrá canto en la mañana

y canto en la noche en los días de necesidad y en los días de
abundancia cantando sola cantando con fantasmas
cantando canciones viejas y cantando canciones nuevas
recordando canciones que aún no hemos escuchado canciones
que aún no hemos soñado canciones para las que nadie ha
encontrado palabras canciones cantadas en el camino y canciones
cantadas en la cama canciones mientras lloramos y canciones
mientras esperamos canciones para la respiración para el sol y la
luz y la luna y la tierra y el agua canciones para el sustento
cantaremos canciones imposibles canciones indescifrables
canciones que no se puedan escuchar y canciones que no se
pueden compartir cantaremos canciones sin palabras canciones
silenciosas y canciones que griten canciones que tiemblen
canciones que podemos abrazar
                       el canto y yo vivimos en
la piel del otro el canto y yo respiramos el aliento del otro
nos refugiamos en el otro nos pasamos fuego plateado entre los
labios caliente y frío a la vez nombrando y desnombrando
liberándonos alzando el vuelo el canto y yo girando en el cielo
me gustaría morirme cantando que haya un canto en mi garganta
desbordándose que mi último respiro sea canto

Acknowledgments

my gratitude to Moisés S. L. Lara for the amazing cover artwork, for many conversations and much inspiration, and for a great deal of the editing...

my thanks to Diana Marie Delgado, Brandon Shuler, and Jo Reyes-Boitel for early criticism...

a great big thank you to CantoMundo for making me remember that I will always be a poet...

profound thanks to Ruth Thompson, Don Mitchell, and Saddle Road Press for giving these poems a home...

mil gracias to Demetria Martínez, Tim Z. Hernandez, Willie Perdomo, and Barbara Jane Reyes for their beautiful blurbs...

my thanks to the Alfredo Cisneros del Moral Foundation for support and time to work on final revisions...

and my appreciation for the following publications that first published the following poems:

"love song for my organs" and "ode to the syringe" in *Huizache*; "shame: a ghazal in pieces," "you do not listen," and "two sugars" in *La Tolteca Zine*; "*en trozos*/in pieces" and "one-sided conversations with my mother" in *Entre Guadalupe y La Malinche Anthology*; "blood-sugar-canto," "*dieta indigena*," and "the world is medicine" in *El Mundo Zurdo 4 Anthology*; "one-sided conversations with my mother" in *La Palabra-The Word is a Woman/Mothers and Daughters Anthology*; "*en trozos*/in pieces" in *Luna Luna Magazine*; "despair" in the *2014 AIPF Anthology*; "neuropathy: poems of 4 words or less" in *Mujeres de Maiz*; excerpts from "love song for my

organs" in *ToeGood Poetry*; "the diabetic lover" in *GRITS Anthology*; "i call myself back" in *Chicana/Latina studies—MALCS Journal*; "diabetic love song" in *AS/US*; "labwork," "depression: an interrupted sestina," and "the world is medicine" in *Clackamas Literary Review*; "*dieta indigena*" in *KUIKATL*; "song for fear" in *Generations*; "there will be singing" in *Rabbit and Rose*; "when the wind blows through them" and "dreaming in blossom" in *Ginosko Literary Review*; "diabetic epidemic" in *Gulf Stream Anthology*; "we don't give morphine for heartburn" in *Mas Tequila Review*; "poem to frida, patron saint of art and pain" in *BorderSenses*; "*soledad*" in *Palabra*; "*susto*" in *El Retorno*.

The following poems were also published in a bilingual digital chapbook (Sibling Rivalry Press, 2015): "april 23, 2008"; "*en trozos*/in pieces"; "one-sided conversations with my mother"; "*tequilita*"; "lullaby"; "diabetic epidemic"; "*susto.*"

About the Author

ire'ne lara silva, 2023 Texas State Poet Laureate, is the author of five poetry collections, *furia, Blood Sugar Canto, CUICACALLI/House of Song, FirstPoems,* and *the eaters of flowers,* which won Gold for the 2025 Juan Felipe Herrera Best Poetry Book (ILBA), a comic book, *VENDAVAL,* and two short story collections, *flesh to bone,* which won the Premio Aztlán, and *the light of your body.* ire'ne is the recipient of the 2026 Jessie H. Jones Fellowship, the ILBA 2025 Rising Stars Poetry Award, a 2025 Storyknife Writers Residency, the 2021 Texas Institute of Letters Shrake Award for Best Short Nonfiction, a 2021 Tasajillo Writers Grant, a 2017 NALAC Fund for the Arts Grant, the final Alfredo Cisneros del Moral Award, and was the Fiction Finalist for AROHO's 2013 Gift of Freedom Award.

irenelarasilva.wordpress.com

ire'ne lara silva, 2023 Texas State Poet Laureate, es la autora de cinco libros de poesía, *furia, Blood Sugar Canto, CUICACALLI/House of Song, FirstPoems, the eaters of flowers*, el cual ganó Oro en 2025 por el Mejor Libro de Poesía Juan Felipe Herrera (ILBA), un cómic, VENDAVAL, y dos colecciones de relatos cortos, *flesh to bone,* que ganó el Premio Aztlán, y *the light of your body.* ire'ne es la recipiente del 2026 Fellowship Jessie H. Jones, ILBA Rising Stars Poetry Award, 2025 Storyknife Writers Residency, 2021 Texas State Institute of Letters Shrake Award For Best Short Nonfiction, 2021 Tasajillo Writers Grant, 2017 NALAC Fund for the Arts Grant, el último premio Alfredo Cisneros del Moral Award, y Fiction Finalist para 2013 AROHO Gift of Freedom Award.